全面从严治党再出发

本书编写组 ◎ 编

QUANMIAN CONGYANZHIDANG ZAICHUFA

新华出版社

图书在版编目（CIP）数据

全面从严治党再出发 /《全面从严治党再出发》编写组编.
北京：新华出版社，2018.1（2025.2重印）
ISBN 978-7-5166-3862-0

Ⅰ.①全… Ⅱ.①全… Ⅲ.①中国共产党－党的建设－学习参考资料 Ⅳ.①D26

中国版本图书馆CIP数据核字(2018)第035679号

全面从严治党再出发

责任编辑：唐波勇	封面设计：臻美书装
责任印制：廖成华	

出版发行：新华出版社
地　　址：北京石景山区京原路8号　　邮　　编：100040
网　　址：http://www.xinhuapub.com
经　　销：新华书店、新华出版社天猫旗舰店、京东旗舰店及各大网店
购书热线：010－63077122　　中国新闻书店购书热线：010－63072012
照　　排：臻美书装
印　　刷：大厂回族自治县众邦印务有限公司
成品尺寸：160mm×230mm
印　　张：13.5　　字　　数：180千字
版　　次：2018年3月第一版　　印　　次：2025年2月第四次印刷
书　　号：ISBN 978-7-5166-3862-0
定　　价：26.00元

版权专有，侵权必究。如有质量问题，请与出版社联系调换：010-63077101

目 录
CONTENTS

习近平：以永远在路上的执着把从严治党引向深入……………………… 1

第一章　以零容忍态度惩治腐败……………………………………… 7

1. 压倒性态势是如何形成的
 ——党的十八大以来反腐倡廉工作综述 ………………………… 9
2. 从严治党新气象
 ——党的十八大以来历史性变革系列述评 …………………… 12
3. 一份全面从严治党的优异答卷
 ——十八届中央纪委工作报告解读 …………………………… 18
4. 夺取压倒性胜利
 ——十九大报告透出的反腐信息 ……………………………… 23

【延伸阅读】
　　十九大最新议程中，透露了全面从严治党的重磅信号………… 27

第二章　发挥巡视监察的利剑作用……33

1. 锻造巡视监督利剑　探索自我净化路径
　　推动全面从严治党向纵深发展
　　　　——党的十八大以来中央巡视工作综述……………35
2. 高举巡视利剑　推进全面从严治党
　　　　——十八届中央巡视回眸………………………………51
3. 积极探索实践　形成宝贵经验　国家监察体制改革试点取得实效
　　　　——国家监察体制改革试点工作综述…………………60
4. 用留置取代"两规"意味着什么？
　　　　——解读国家监察体制改革……………………………74

【延伸阅读】
　　　　十八大以来，习近平就巡视工作连出"大招"………76

第三章　纠正"四风"不能止步……81

1. 持之以恒正风肃纪
　　　　——写在中央八项规定实施五周年之际………………83
2. 一刻不停歇地推动作风建设向纵深发展
　　　　——习近平总书记纠正"四风"重要指示引起强烈反响……85
3. 纠正"四风"没有间歇期　改进作风没有休止符
　　　　——中央纪委有关负责同志答新华社记者问…………90
4. 整治"四风"必须从严治吏………………………………97

【延伸阅读】
　　　　驰而不息纠正"四风"……………………………………99

第四章　全面从严治党再出发 **101**

1. 夺取反腐败斗争压倒性胜利的决心必须坚如磐石
　　——全面从严治党再出发系列综述之一 **103**
2. 深化监察体制改革　向着全覆盖迈进
　　——全面从严治党再出发系列综述之二 **106**
3. 咬定青山不放松　将作风建设进行到底
　　——全面从严治党再出发系列综述之三 **110**
4. 以铁律锤炼打铁人　建设忠诚干净担当队伍
　　——全面从严治党再出发系列综述之四 **114**

【延伸阅读】
　　全面从严治党再出发
　　　——写在十九届中央纪委二次全会召开之际 **118**

第五章　作风建设永远在路上 **127**

1. 十八大以来，习近平这样抓作风建设 **129**
2. 咬定青山不放松　要留清气满乾坤
　　——五年来纪检监察机关落实中央八项规定精神、
　　　纠正"四风"工作综述 **135**
3. 再塑党的形象的伟大工程
　　——中国共产党自身建设的五年探索之路 **144**
4. 自我净化清明政治生态　自我革新提升执政能力
　　——国际社会点赞中国共产党坚定不移全面从严治党 **161**

【延伸阅读】
　　"党建+"为老百姓加出了什么 **165**

附录 ·· **169**

中国共产党章程

 （中国共产党第十九次全国代表大会部分修改，

  2017年10月24日通过） ················· **171**

习近平在党的十九届一中全会上的讲话

 （2017年10月25日） ······················· **199**

习近平：以永远在路上的执着把从严治党引向深入

中共中央总书记、国家主席、中央军委主席习近平 11 日上午在中国共产党第十九届中央纪律检查委员会第二次全体会议上发表重要讲话。他强调，在中国特色社会主义新时代，完成伟大事业必须靠党的领导，党一定要有新气象新作为。要全面贯彻党的十九大精神，重整行装再出发，以永远在路上的执着把全面从严治党引向深入，开创全面从严治党新局面。

习近平指出，深入推进全面从严治党，要全面贯彻党的十九大精神，以新时代中国特色社会主义思想为指导，增强"四个意识"，坚定"四个自信"，紧紧围绕坚持和加强党的全面领导，紧紧围绕维护党中央权威和集中统一领导，全面推进党的政治建设、思想建设、组织建设、作风建设、纪律建设，把制度建设贯穿其中，深入推进反腐败斗争，在坚持中深化、在深化中发展，实现党内政治生态根本好转，不断增强党的创造力、凝聚力、战斗力，为决胜全面建成小康社会、全面建设社会主义现代化国家提供坚强保证。

中共中央政治局常委栗战书、汪洋、王沪宁、韩正出席会议。中共中央政治局常委、中央纪律检查委员会书记赵乐际主持会议。

习近平强调，党的建设新的伟大工程，是引领伟大斗争、伟大事业、最终实现伟大梦想的根本保证。全面从严治党，必须坚持和加强党的全面领导。坚持党的领导，最根本的是坚持党中央权威和集中统一领导。我们要乘势而上，牢牢把握加强党的长期执政能力建设、先进性和纯洁性建设这条主线，发挥标本兼治综合效应，确保党成为始终走在时代前列、人民衷心拥护、勇于自我革命、经得起各种风浪考验、朝气蓬勃的马克思主义执政党。

习近平指出，党的十八大后，我们紧紧盯住全面从严治党不力这个症结，坚持发扬我们党历史上行之有效的好经验好做法，深化对管党治党规律的认识、创造新的经验，全面从严治党成效卓著。成绩来之不易，经验弥足珍贵，需要我们长期坚持、不断深化。一要坚持思想建党和制度治党相统一，既要解决思想问题，也要解决制度问题，把坚定理想信念作为根本任务，把制度建设贯穿到党的各项建设之中。二要坚持使命引领和问题导向相统一，既要立足当前、直面问题，在解决人民群众最不满意的问题上下功夫；又要着眼未来、登高望远，在加强统筹谋划、强化顶层设计上着力。三要坚持抓"关键少数"和管"绝大多数"相统一，既对广大党员提出普遍性要求，又对"关键少数"特别是高级干部提出更高更严的标准，进行更严的管理和监督。四要坚持行使权力和担当责任相统一，真正把落实管党治党政治责任作为最根本的政治担当，紧紧咬住"责任"二字，抓住"问责"这个要害。五要坚持严格管理和关心信任相统一，坚持真管真严、敢管敢严、长管长严，贯彻惩前毖后、治病救人的一贯方针，抓早抓小、防微杜渐，最大限度防止干部出问题，最大限度激发干部积极性。六要坚持党内监督和群众监督相统一，以党内监督带动其他监督，积极畅通人民群众建言献策和批评监督渠道，充分发挥群众监督、舆论监督作用。

习近平强调，全面从严治党必须持之以恒、毫不动摇。受国际国内环境各种因素的影响，我们党面临的执政环境仍然是复杂的，影响党的先进性、弱化党的纯洁性的因素也是复杂的。党的队伍和自身状况发生重大而深刻的变化，迫切要求提高党的建设质量、增强党组织的政治功能和组织功能。我们要坚持问题导向，保持战略定力，以"越是艰险越向前"的英雄气概和"狭路相逢勇者胜"的斗争精神,坚定不移抓下去。

习近平指出,要坚持以党的政治建设为统领,坚决维护党中央权威和集中统一领导。党中央作出的决策部署,所有党组织都要不折不扣贯彻落实,始终在政治立场、政治方向、政治原则、政治道路上同党中央保持高度一致。任何时候任何情况下,党的领导干部在政治上都要站得稳、靠得住,对党忠诚老实、与党中央同心同德,听党指挥、为党尽责。要深刻认识共产主义远大理想和中国特色社会主义共同理想的辩证关系,既不能离开发展中国特色社会主义事业、实现民族复兴的现实工作而空谈远大理想,也不能因为实现共产主义是一个漫长的历史过程就讳言甚至丢掉远大理想。

习近平强调,要锲而不舍落实中央八项规定精神,保持党同人民群众的血肉联系。要继续在常和长、严和实、深和细上下功夫,密切关注享乐主义、奢靡之风新动向新表现,坚决防止回潮复燃。纠正形式主义、官僚主义,一把手要负总责。要靠深入调查研究下功夫解难题,靠贴近实际和贴近群众的务实举措抓落实,确保党中央决策部署落地生根。加强作风建设必须紧扣保持党同人民群众血肉联系这个关键。领导干部要坚决反对特权思想、特权现象,保持对人民的赤子之心,坚持工作重心下移,扑下身子深入群众,面对面、心贴心、实打实做好群众工作,着力解决群众反映强烈的突出问题。

习近平指出,要全面加强纪律建设,用严明的纪律管全党治全党。要加强纪律教育,使铁的纪律转化为党员、干部的日常习惯和自觉遵循。要完善纪律规章,实现制度与时俱进。各级党委(党组)就要敢抓敢管、严格执纪,把全面从严治党政治责任担负起来。

习近平强调,要深化标本兼治,夺取反腐败斗争压倒性胜利。标本兼治,既要夯实治本的基础,又要敢于用治标的利器。要坚持无禁区、全覆盖、零容忍,坚持重遏制、强高压、长震慑,坚持受贿行贿一起查,坚决减存量、重点遏增量。"老虎"要露头就打，"苍蝇"乱飞也要拍。要推动全面从严治党向基层延伸，严厉整治发生在群众身边的腐败问题。要把扫黑除恶同反腐败结合起来，既抓涉黑组织，也抓后面的"保护伞"。要加强反腐败综合执法国际协作，强化对腐败犯罪分子的震慑。要强化不敢腐的震慑，扎牢不能腐的笼子，增强不想腐的自觉。要通过改革和制度创新切断利益输送链条，加强对权力运行的制约和监督，形成有效管用的体制机制。

习近平指出，党的十八大以来，中央纪委和各级纪检监察机关坚决贯彻党中央决策部署，忠诚履职尽责，做到了无私无畏、敢于担当，向党和人民交上了优异答卷。纪检机关必须坚守职责定位，强化监督、铁面执纪、严肃问责。执纪者必先守纪，律人者必先律己。各级纪检监察机关要以更高的标准、更严的纪律要求自己，提高自身免疫力。广大纪检监察干部要做到忠诚坚定、担当尽责、遵纪守法、清正廉洁，确保党和人民赋予的权力不被滥用、惩恶扬善的利剑永不蒙尘。

赵乐际在主持会议时指出，习近平总书记的重要讲话，高举中国特色社会主义伟大旗帜，站在新时代党和国家事业发展全局的高度，深刻阐述了党的十九大关于全面从严治党的战略部署，进一步总结了党的十八大以来全面从严治党的重要经验，深入分析了党面临的风险和挑战，明确提出了当前和今后一个时期全面从严治党的总体要求和主要任务，强调要一以贯之、坚定不移，坚持问题导向，保持战略定力，排除错误思想干扰，重整行装再出发，不断把全面从严治党引向深入。各级党组织要深入学习领会、把握精神实质、统一思想认识、强化责任担当，同实际工作和职能职责结合起来，提高政治站位和政治能力，切实增强全面从严治党的系统性、创造性、实效性。

中共中央政治局委员、中央书记处书记，是十九届中央委员的其他党和国家领导同志、中央军委委员出席会议。

中央纪律检查委员会委员，中央和国家机关各部门主要负责同志，军队各大单位、中央军委机关各部门主要负责同志等参加会议。会议以电视电话会议形式举行，各省、自治区、直辖市和新疆生产建设兵团以及军队有关单位设分会场。

中国共产党第十九届中央纪律检查委员会第二次全体会议于1月11日在北京开幕。中央纪律检查委员会常务委员会主持会议。11日下午赵乐际代表中央纪律检查委员会常务委员会作题为《以习近平新时代中国特色社会主义思想为指导 坚定不移落实党的十九大全面从严治党战略部署》的工作报告。

新华社北京1月11日电

第一章
以零容忍态度惩治腐败

1. 压倒性态势是如何形成的

——党的十八大以来反腐倡廉工作综述

党廉则政清,政清则国兴。

党的十八大以来,以习近平同志为核心的党中央,以强烈的历史责任感、深沉的使命忧患感、顽强的意志品质,铁腕惩治腐败,强化监督执纪问责,夯实制度体系,着力构建不敢腐、不能腐、不想腐的机制体制,推动形成了反腐败斗争压倒性态势,凝聚了党心,赢得了民心。

重拳反腐,形成震慑

8月27日,中央纪委驻财政部纪检组组长、财政部党组成员莫建成涉嫌严重违纪,接受组织审查。

届末之年,力度不减,节奏不变,反腐不收官。十八大以来,党中央以"刮骨疗毒、壮士断腕"的决心和勇气,重拳反腐,惩贪去恶,坚决把全面从严治党、党风廉政建设和反腐败斗争进行到底。

查处"关键少数"毫不手软。截至今年6月底,十八大以来,共立案审查中管干部280多人、局级干部8600多人、县处级干部6.6万人。对"关键少数"的惩处力度不断增强,查处从严,形成震慑,既让腐败分子闻风丧胆,也使广大党员干部明规矩、知敬畏。

惩治群众身边的"微腐败"绝不松懈。各级纪检监察机关以扶贫领域虚报冒领、截留私分、挥霍浪费等问题为重点,进一步加大对侵害群众利益问题的查处力度。截至今年6月底,十八大以来共处分乡科级及以下党员干部134.3万人，处分农村党员干部64.8万人，推动正风反腐向基层延伸。

对国际追逃追赃狠抓到底。天涯海角，虽远必追。连续四年组织"天网行动"，向外逃腐败分子发出红色通缉令，杨秀珠、李华波等重点"红通"嫌犯被缉拿归案或投案自首，共追回外逃人员2566人、赃款86.4亿元人民币，一大批怀揣"异国避罪梦"的外逃腐败分子陆续落网，让腐败分子永无"避罪天堂"。

"反腐败斗争压倒性态势已经形成"——2016年岁末，中央政治局会议对当前反腐败斗争形势作出了最新判断，人民群众拍手称赞，党心民心极大提振。

强化监督，问责必严

政贵在行，事成于实。党的十八大以来，立足于打赢反腐败这场正义之战，各级纪检监察机关不断推动党内监督方式方法的改革创新，实现党内监督全覆盖。

积极探索监督执纪"四种形态"。各级纪检监察机关通过有效运用"四种形态"，从小处抓起、从日常抓起，对反映党员干部的苗头性、倾向性问题，及时予以纠正，减存量、遏增量，防止腐败势头蔓延。截至今年6月底，十八大以来共处置问题线索236.2万件，立案141.8万件，处分140.9万人，移送司法机关依法处理5.4万人。

严肃问责敢动真格。对落实"两个责任"不力的领导干部，各级纪检监察机关真问责、真处理，增强广大党员对党纪党规的敬畏之心。坚决查处了山西系统性、塌方式腐败问题；对湖南衡阳破坏选举案严肃问责，467人受到责任追究；对四川南充拉票贿选案涉及的477人严肃处理；严肃查处辽宁省系统性拉票贿选问题，955人受到责任追究；对民政部党组、派驻纪检组管党治党不力严肃问责，原党组书记、分管副部长、派驻纪检组组长受到责任追究。

强化自我监督。针对监督执纪中的关键点和风险点,把规矩立起来、纪律严起来,严格约束监督执纪权力,严防"灯下黑"。截至去年底,十八大以来中央纪委机关谈话函询218人、组织调整21人、立案查处17人,全国纪检监察系统共谈话函询5800人次、组织处理2500人、处分7900人。各级纪检监察机关加强自我监督,对执纪违纪、以案谋私的,发现一起、查处一起,坚决清理门户,打造一支忠诚干净担当的纪检监察干部队伍。

标本兼治,扎紧"牢笼"

没有规矩,不成方圆。

党的十八大以来,中央纪委按照党中央部署,坚持实践探索在前、总结提炼在后,把管党治党、正风反腐的成功经验,特别是十八大以来的新实践,及时转化为制度成果,不断建立健全长效机制,让制度成为正风反腐的利器。

从出台《中国共产党廉洁自律准则》《中国共产党问责条例》,到修订《中国共产党纪律处分条例》《中国共产党巡视工作条例》,再到通过《关于新形势下党内政治生活的若干准则》和《中国共产党党内监督条例》……中央共出台或修订的党内法规80余部,党规党纪的"笼子"越扎越紧,为巩固和发展反腐败斗争压倒性态势奠定了坚实的制度保障。

标本兼治,方能防患未然、赢得主动。有关反腐问题专家表示,要以完备的制度建设为抓手,用制度来规范党组织、党员的行为,把制度当成尺子来丈量党的一切工作,让铁规发力,让禁令生威,坚决打赢党风廉政建设和反腐败斗争这场攻坚战、持久战,推动形成风清气正、崇廉尚实、遵纪守法的良好政治生态。(新华社记者姜潇)

新华社北京10月5日电

2. 从严治党新气象

——党的十八大以来历史性变革系列述评

纵观党的十八大以来波澜壮阔的五年，全面从严治党无疑是贯穿始终而又影响深远的一件大事。

以习近平同志为核心的党中央直面党内存在的种种问题和弊端，把全面从严治党纳入"四个全面"战略布局，以前所未有的决心勇气力度推进管党治党，采取一系列开创性和突破性的重大举措，锻造气象一新的强大政党，为党和国家事业历史性变革提供坚强政治保证。

认识达到新高度——把全面从严治党纳入战略布局，不断深化对管党治党规律认识

"打铁还需自身硬。"

穿越五年的时间隧道，重新掂量习近平总书记在十八届中央政治局常委首次集体亮相时的这句话，更能感到字字千钧。

打坚硬的"铁"，呼唤更硬的"打铁人"。

全面从严治党，作为以习近平同志为核心的党中央管党治党兴党的鲜明主题，不仅来自对问题的清醒认识，更来自对责任的勇毅担当。

腐败问题越演越烈，不良风气蔓延泛滥，党的观念淡漠、组织涣散、纪律松弛，"四大考验""四种危险"严峻复杂……一个长期执政的大党，必须练就"金刚不坏之身"。

改革攻坚期、发展转型期、全面建成小康社会进入决战决胜……

中华民族伟大复兴的关键一程，一个坚强有力的党至关重要。

关键时刻，关键抉择。

以习近平同志为核心的党中央全面审视世情国情党情的新形势新变化，将党风廉政建设和反腐败斗争提升到了关系党和国家生死存亡的高度，将全面从严治党摆在了治国理政全局中至关重要的位置。

2014年12月，习近平总书记在江苏调研时强调，全面从严治党是推进党的建设新的伟大工程的必然要求。

"'全面'这两个字加得很关键，这是一次认识的伟大飞跃。全面始能从严，从严更要全面。"中央党校教授辛鸣表示，全面从严治党就是把管党治党作为一项系统工程来抓，从内容到对象、从标到本、从小到大、从现在到未来，方方面面都不能缺位。

审视五年来全面从严治党步步深入推进的过程，从"怎么看"到"怎么办"彰显出强大的思想力量。

深刻阐释全面从严治党内涵——

"全面从严治党，核心是加强党的领导，基础在全面，关键在严，要害在治。"

明确全面从严治党责任制——

"党要管党，首先是党委要管、党委书记要管。""党委负主体责任，纪委负监督责任。"

明确指出全面从严治党的着力点——

"抓思想从严、抓管党从严、抓执纪从严、抓治吏从严、抓作风从严、抓反腐从严"。

深刻阐明全面从严治党的方法论——

"坚持高标准和守底线相统一""坚持抓惩治和抓责任相统一""坚持查找问题和深化改革相统一""坚持选人用人和严格管理相统一"。

……

实践不断发展，认识不断深化。

严肃党内政治生活是全面从严治党的基础，加强党内监督是全面从严治党的重要抓手和重要保障。

2016年10月，党的十八届六中全会专题研究全面从严治党，审议通过了《关于新形势下党内政治生活的若干准则》和《中国共产党党内监督条例》，开启了全面从严治党的新征程。

五年纵深推进，以习近平同志为核心的党中央深刻回答了新形势下全面从严治党谁来抓、抓什么、怎么抓等重大理论和实践问题，不断深化了对管党治党规律的认识。

行动彰显新力度——无禁区零容忍全覆盖，全面从严治党多点发力纵深推进

五年来，直面人民群众反映最强烈、对党的执政基础威胁最大的突出问题，全面从严治党多点发力、纵深推进，打出了一系列组合拳。

以作风建设为全面从严治党破题——

2012年12月，中央政治局审议通过关于改进工作作风、密切联系群众的八项规定。一上来就立下规矩、作出承诺，由此开启了全面从严治党的"第一行动"。随后，形式主义、官僚主义、享乐主义和奢靡之风"四风"问题成为重点整治对象。

铁面执纪、寸步不让。五年来，各级纪检监察机关共查处违反中央八项规定精神问题超过18万起，平均每天有140多人因作风问题被处理。

遏制"舌尖上的腐败"，严查"车轮上的腐败"，整治"会所中的歪风"……刹住了曾被认为难以刹住的歪风邪气，攻克了曾被认为难以攻克的顽瘴痼疾。

五年激浊扬清，起于毫末之间、成于驰而不息，党风政风焕然一新。

以重拳反腐为全面从严治党破局——

"打虎"无禁区。周永康、薄熙来、郭伯雄、徐才厚、孙政才、令计划、苏荣等一批"大老虎"纷纷落马。截至今年6月底，全国共立案审查中管干部280多人；共查处十八届中央委员、候补委员40人，中央纪委委员8人。

"拍蝇"零容忍。截至今年6月底，共处分乡科级及以下党员干部134.3万人。

"天网"紧追逃。截至8月底，已先后从90多个国家和地区追回外逃人员3339人，追回赃款93.6亿元；"百名红通人员"已经到案近50人。

五年风雷激荡，反腐败斗争压倒性态势已经形成并巩固发展。

以党内监督作为全面从严治党的重要抓手——

巡视利剑经过五年磨砺，锋芒毕露，已成为党之利器、国之利器。12轮中央巡视，对277个地方、单位党组织进行了"政治体检"，实现了党的历史上首次一届任期内中央巡视全覆盖。

与此同时，中央纪委实现对139家中央一级党和国家机关的派驻监督全覆盖，实行综合派驻，党内监督的独立性、有效性不断增强。开启国家监察体制改革，一个覆盖所有行使公权力公职人员的国家监察体系呼之欲出。没有空白、不留死角，一张越织越密的监督网络，不断增强对权力的有效监督和制约。

从深化纪委转职能、转方式、转作风，到落实纪律检查工作双重领导体制；从明确党风廉政建设责任制，到探索实践监督执纪"四种形态"……

五年探索实践，一系列体制机制的改革和方式方法的创新，为全面从严治党向纵深推进注入了强大动力。

成效引领新气象——标本兼治固本培元，全面从严治党永远在路上

"以前一年下来基本没什么党组织活动，偶尔开会发言也是发顿牢骚，连中央大政方针都不晓得，现在你要问我什么是'四个自信''四个意识'，我都能对答如流。"江西萍乡竺园村老党员袁海泉说，现在自己的党员意识大大提高了。

去年来，萍乡在农村基层党组织中推广"一旬一会"制度，每月3次定期组织党员开展组织生活，进行理论学习。这是"两学一做"学习教育的一个缩影。

从"治病树"到"治生态"，从管行为到重"心学"。

五年来，从党的群众路线教育实践活动到"三严三实"专题教育再到"两学一做"学习教育，一系列党内政治思想教育环环相扣、层层深入，从"关键少数"向全体党员扩展，再塑全党本色初心，8900多万党员的党性意识更加坚强，理想信念更加坚定。

思想建党和制度治党紧密结合，一柔一刚，同向发力、同时发力。

出台领导干部配偶子女经商办企业规则、规范个人有关事项报告制度，杜绝"前门当官、后门开店"问题；对干部选拔任用、能上能下、防止带病提拔作出明确规定，扭转官场"劣币驱逐良币"乱象；明确纪在法前，修订制定廉洁自律准则、纪律处分条例、问责条例等基础性法规，为党员划出"底线"、标出"高线"……

五年来，党内法规制度建设以前所未有的步伐加快推进。中央共出台或修订近80部党内法规，超过现有党内法规的40%，全面从严治党越来越有规可循、有据可依。

五年栉风沐雨，五年淬火成钢。

2016年，人民群众对党风廉政建设和反腐败工作的满意度从党的十八大前的75%攀升至92.9%。

"对党的十八大以来全面从严治党取得的成果，人民群众给予了很高评价，成绩值得充分肯定，经验值得深入总结。但是，我们决不能因此而沾沾自喜、盲目乐观。全面从严治党依然任重道远。"习近平总书记在"7·26"讲话中谆谆告诫。

"劲"不可泄、"势"不能转，全面从严治党永远在路上。

在以习近平同志为核心的党中央坚强领导下,继续坚持问题导向,保持战略定力,推动全面从严治党向纵深发展,把全面从严治党的思路举措搞得更加科学、更加严密、更加有效,确保党始终同人民想在一起、干在一起,引领承载着中国人民伟大梦想的航船破浪前进,胜利驶向光辉的彼岸。(新华社记者 朱基钗、荣启涵、赖星)

新华社北京 10 月 17 日电

3. 一份全面从严治党的优异答卷

——十八届中央纪委工作报告解读

《十八届中央纪律检查委员会向中国共产党第十九次全国代表大会的工作报告》29日全文公布。这份1.7万多字的报告，全面总结了党的十八大以来，在以习近平同志为核心的党中央坚强领导下，十八届中央纪委和各级纪委忠诚履职、勇于担当，推动全面从严治党取得的历史性成就，深刻阐释了党的纪律检查工作的经验启示，并对未来工作提出了明确建议。

10个方面全面总结5年全面从严治党的卓著成效

党的十九大报告用"成效卓著"四个字高度评价过去5年全面从严治党的历史性成就，这也是对十八届中央纪委工作的充分肯定。

十八届中央纪委工作报告第一部分，从10个方面对5年来的工作进行了回顾总结。

——忠诚履行党章赋予的职责。贯彻党中央决策部署，回归党章本源，找准职责定位，转职能转方式转作风，中央纪委监察部参加议事协调机构由125个减至14个。

——锲而不舍落实中央八项规定精神。5年来，各级纪检监察机关共查处违反中央八项规定精神问题18.9万起，处理党员干部25.6万人。

——抓住管党治党"牛鼻子"。2014年以来，全国共有7020个单位党委（党组）、党总支、党支部，430个纪委（纪检组）和6.5万余名党员领导干部被问责。

——巡视实现一届任期全覆盖。中央巡视工作领导小组召开115次会议，组织开展12轮巡视，共巡视277个党组织，在党的历史上首次实现一届任期内巡视全覆盖。

——把纪律挺在前面，严明政治纪律和政治规矩。5年来，共立案审查违反政治纪律案件1.5万件，处分1.5万人，其中中管干部112人。

——坚持"老虎""苍蝇"一起打。5年来，经党中央批准立案审查的省军级以上党员干部及其他中管干部440人；全国纪检监察机关共处分村党支部书记、村委会主任27.8万人。

——织密国际追逃"天网"。2014年以来，共追回外逃人员3453名、追赃95.1亿元，"百名红通人员"中已有48人落网。

——以创新精神推动纪检监察体制改革。全面实现中央纪委和监察部合署办公；推动双重领导体制具体化程序化制度化；推进国家监察体制改革，圆满完成试点任务。

——依规治党、扎紧笼子，实现制度建设与时俱进。组织制定修改11部党内法规。

——坚持打铁还需自身硬。5年来，中央纪委机关立案查处22人，组织调整24人，谈话函询232人；全国纪检系统处分1万余人，组织处理7600余人，谈话函询1.1万人。

北京大学廉政建设研究中心副主任庄德水表示，这10个方面全景式展现了5年来全面从严治党波澜壮阔的历程，体现了无禁区、全覆盖、零容忍，治标与治本的多点突破、纵深推进，彰显了全面从严治党的坚强决心和显著成效。

7条体会精辟概括党的纪律检查工作经验启示

报告第二部分对5年来的工作体会进行了概括提炼，归结为7条经验启示。

第一条鲜明指出，党的领导是中国特色社会主义最本质特征，必须全面从严治党。"只有全面从严治党，才能把全党凝聚起来"。

党的十九大报告提出新时代党的建设总要求，其核心原则是"坚持和加强党的全面领导，坚持党要管党、全面从严治党"，与以往的论述相比，加了两个"全面"二字，体现了理论和实践的深化。

中央党校教授辛鸣指出，这些新提法深刻阐释了党的领导与全面从严治党的关系。"全面从严治党核心是为了加强党的领导。坚持党的领导，必然要求加强党的建设，加强党的建设必然要求全面从严治党。"

第二条指出，习近平新时代中国特色社会主义思想是强大思想武器和行动指南。要"用新的科学理论武装头脑，指导新的实践。"

"加强党的领导，必须加强思想领导。学风关乎党风，5年来全面从严治党每往前走一步，都伴随深入学习贯彻习近平总书记系列重要讲话精神，都是按照习近平总书记的战略思考和战略部署来展开的。"辛鸣说。

第三条指出，有自信才能有定力，必须铸牢理想信念宗旨这个政治灵魂，把道路自信、理论自信、制度自信、文化自信真正确立起来。"人不自信，谁人信之？"

辛鸣表示，政治制度上绝不可能突然搬来一座"飞来峰"，全面从严治党有其深厚的文化根基。"5年来，全面从严治党之所以有这么大的魄力，与中华文化传统里的修身戒惧、清正廉洁等密不可分，从中汲取了强大的力量源泉。"

第四条指出，"依规治党和以德治党有机结合，思想建党与制度治党相互促进，是十八大以来管党治党兴党的重要经验，标志着我们党对执政党建设规律的认识进入新境界。"

回顾5年来，从党的群众路线教育实践活动到"三严三实"专题教育再到"两学一做"学习教育,一系列党内政治思想教育始终环环相扣。党的十九大报告又提出要在全党开展"不忘初心、牢记使命"主题教育。5年来共修订颁布了90余部党内法规,制度建设以前所未有的步伐加速推进。制度和思想,一刚一柔,同向发力,标本兼治。

第五条指出,惩前毖后、治病救人是党的一贯方针,必须坚持纪严于法,运用"四种形态",惩治极少数、教育大多数。

第六条指出,必须用辩证唯物主义和历史唯物主义驾驭现实,以历史、哲学和文化的思考支撑信心。

第七条指出,民心向背是最大的政治,必须不忘初心。"得民心者得天下。"

实践探索在前,理论总结在后。

辛鸣分析指出,这7条体会来自于十八届中央纪委真切的工作实践,条条切中要害,体现了世界观和方法论的统一,让我们真正明白十八届中央纪委能够取得这么大的成就,其背后科学的认识、自觉的遵循、努力的实践,是一份饱含着深情、自信、智慧的答卷。

6点建议指明全面从严治党未来着力方向

对于今后5年的工作,报告提出了6条明确建议:

——全面贯彻十九大精神,坚决服从和维护以习近平同志为核心的党中央集中统一领导;

——坚持思想建党和制度治党相结合,提高管党治党能力和水平;

——把落实中央八项规定精神化作自觉行动,坚持不懈改进作风;

——完善党内监督体制机制,全面落实深化国家监察体制改革部署;

——强化不敢腐的震慑,扎牢不能腐的笼子,增强不想腐的自觉,夺取反腐败斗争压倒性胜利;

——建设让党放心、人民信赖的纪检监察队伍。

中央纪委驻中国社科院纪检组副组长高波认为，这6条建议传递出今后纪检工作的几个重大信号，包括纪检工作将按照力度不减、节奏不变、方向不偏、工作不断地要求，沿着十八大以来形成的既定方略和既成经验继续把全面从严治党推向纵深；十八大以来全面从严治党形成了高度政治自信，今后将继续突出政策的连续性、稳定性，巩固反腐败斗争压倒性态势，并向着夺取压倒性胜利迈进等；将继续推进改革，将改革作为一个常态化过程，破解继续推进全面从严治党面临的各项难题。

"总而言之，十九大之后，全面从严治党将继续向纵深推进，党风廉政建设和反腐败斗争只有进行时，没有完成时，全面从严治党没有最好、只有更好。"高波说。（新华社记者朱基钗、罗争光、荣启涵）

新华社北京10月30日电

4. 夺取压倒性胜利

——十九大报告透出的反腐信息

十九大报告明确提出：要夺取反腐败斗争压倒性胜利。这透出反腐诸多信息。

坚定目标：夺取反腐败斗争压倒性胜利

十九大报告对反腐形势作出判断并明确目标："当前，反腐败斗争形势依然严峻复杂，巩固压倒性态势、夺取压倒性胜利的决心必须坚如磐石。"

决心背后是一串串掷地有声的数据。十八大以来，中央立案审查省军级以上党员干部及其他中管干部440人，其中十八届中央委员、候补委员43人，中央纪委委员9人；厅局级干部8900余人，县处级干部6.3万多人，处分基层党员干部27.8万人，形成了反腐败斗争压倒性态势，党心民心为之振奋，党风政风为之一新。

河南省委常委、组织部长孔昌生代表说，在坚持"无禁区、全覆盖、零容忍"的同时，十九大报告又明确提出"重遏制、强高压、长震慑"，表明了我们党持续反腐的坚定决心。

他认为，腐败是全球性的问题。过去五年中国在反腐方面取得的开创性、历史性成就，关键是以习近平同志为核心的党中央反腐的决心、定力和强有力领导，改变了一些多年难改的积习，树立了前所未有的新风。

笔名二月河的著名历史小说家凌解放代表说，十八大以来，大家的共同感受是，党风发生了革命性变化。以全面从严治党永远在路上的坚韧和执着，中国共产党一定能跳出历史周期律。

完善法制：推进反腐败国家立法

推进反腐败国家立法是在法治轨道上深化反腐败斗争的迫切需要，十九大报告提出，推进反腐败国家立法，建设覆盖纪检监察系统的检举举报平台。

中央纪委驻中国社会科学院纪检组副组长高波表示，推进反腐败国家立法，是完善中国特色社会主义法律体系，推进国家治理体系、治理能力现代化的必然要求，使国家法律与党内法规结合起来，形成反腐合力。

国家行政学院教授汪玉凯表示，制定国家监察法用留置代替"两规"，是依法反腐的重要手段。目前，在北京、山西、浙江三个开展监察体制改革试点的地方，已经有留置措施运用的案例，这意味着依法反腐站上了新台阶。

健全党和国家监督体系：深化国家监察体制改革，将试点工作在全国推开

强化党的自我净化能力，根本靠强化党的自我监督和群众监督。十九大报告提出，"健全党和国家监督体系"，工作目标是"构建党统一指挥、全面覆盖、权威高效的监督体系，把党内监督同国家机关监督、民主监督、司法监督、群众监督、舆论监督贯通起来，增强监督合力"。报告阐述了这一体系的架构、布局和重点。

——深化国家监察体制改革，将试点工作在全国推开，组建国家、省、市、县监察委员会，同党的纪律检查机关合署办公，实现对所有行使公权力的公职人员监察全覆盖。

——深化政治巡视,坚持发现问题、形成震慑不动摇,建立巡视巡察上下联动的监督网。在市县党委建立巡察制度,加大整治群众身边腐败问题力度。

……

内蒙古达尔罕茂明安联合旗人民检察院检委会专职委员潘志荣代表表示,十九大报告勾画了一个完整、严密的党和国家监督体系,将为取得反腐败斗争压倒性胜利提供有力支撑。

北京大学廉政建设研究中心副主任庄德水、中国人民大学法学院教授王旭表示,健全党和国家监督体系,是党在新形势下进一步完善反腐斗争的顶层设计,以问题导向提出的应对举措将十分有效。

持之以恒正风肃纪:巩固拓展落实中央八项规定精神成果

十八大以来,中央落实八项规定抓铁有痕。截至8月底,各级纪检监察机关共查处违反中央八项规定精神问题18.4万起,处理党员干部25万人。

"可以说,八项规定和反'四风'改变了中国。"高波说。长期以来,公款吃喝、公款消费等腐败奢靡现象屡禁不止,中央八项规定实施之后,社会风气变了,党员干部的工作作风乃至个人生活,都发生了天翻地覆的变化。

把纪律挺在前边。十九大报告提出,重点强化政治纪律和组织纪律,带动廉洁纪律、群众纪律、工作纪律、生活纪律严起来;巩固拓展落实中央八项规定精神成果,继续整治"四风"问题,坚决反对特权思想和特权现象;赋予有干部管理权限的党组相应纪律处分权限,强化监督执纪问责。

加强政治思想建设:在全党开展"不忘初心、牢记使命"主题教育

十九大报告提出,用新时代中国特色社会主义思想武装全党;要把坚定理想信念作为党的思想建设的首要任务；推进"两学一做"学习教育常态化制度化，以县处级以上领导干部为重点，在全党开展"不忘初心、牢记使命"主题教育。

思想建设是党的基础性建设。中央纪委副书记、监察部部长杨晓渡代表在十九大新闻发布会上说，十八大以来，全面从严治党历史性变革的成就，重要经验就是实现思想建党和制度治党相结合。

汪玉凯表示，不敢腐、不能腐、不想腐，是从强力治标到标本兼治、从外在约束到内在自觉的过程。靠的不仅仅是严管，还要有坚定的理想信念，不断提高党员的政治觉悟，坚定理想信念，让党员干部时刻挺起共产党人的脊梁。

"当我们的广大党员干部在不敢腐、不能腐的基础上，逐步走向不想腐的时候，我们就越来越接近反腐败的压倒性胜利。"杨晓渡说。
（新华社"新华视点"记者乌梦达、刘江、邹伟　参与记者：刘硕、李劲峰、宋晓东、杰文津、张欣辛）

新华社北京 10 月 20 日电

> ★ 延伸阅读

十九大最新议程中，透露了全面从严治党的重磅信号

十九大进入第二天。

这一天，有两项蕴含巨大信息量的议程：一、到今天为止，政治局常委、政治局委员全部下代表团，讨论十九大报告；二、十九大召开后的第一场记者招待会召开，中纪委副书记、中组部副部长出席，谈"加强党建工作和全面从严治党情况"。

其中一个主题贯穿始终：全面从严治党。

定性

在上一篇文章中我们已经解读过，中共界定了历史的新方位，提出了重大的理论创新，并擘画了到本世纪中叶的蓝图。有思想，有步骤，也有分述于各方面的工作安排。这回答了中国的社会主义走到了哪一步、要向何处去、走何种道路、如何走下去的问题。

这一切，归根结底的保证是领导力量。毕竟，要走完、走好"新征程"，领航者很关键。领航者方向能否把准，能否经得起风浪考验，是决定一艘船能否安全平稳驶向目的地的关键。

"办好中国的事情，关键在党"。下团第一天，在贵州团，习近平开宗明义说的就是这么一句话——从这个意义上讲，这也是理解十九大报告的一把钥匙。

政治局其他常委也说到这一点。在他们的表述中，具有高度相似

性的一句话是：过去五年，之所以能发生历史性变革、取得历史性成就，之所以能解决许多长期想解决而没有解决的难题、办成许多过去想办而没有办成的大事，归根结底，就在于以习近平同志为核心的党中央坚强领导。

因此，在未来，需要以习近平新时代中国特色社会主义思想武装全党、指导实践。

"不可能"

在十九大报告中，回顾过去五年全面从严治党的工作，习近平的用词是"成效卓著"。显然，这是非常高的评价。

"解决了许多长期想解决而没有解决的难题、办成许多过去想办而没有办成的大事"，是对过去五年下"发生历史性变革"结论的重要依据。

哪些难题？哪些大事？相信大家有自己的见证和思考。我们想说的是，在今天的记者招待会上，中纪委副书记杨晓渡也提到了过去五年，在全面从严治党中解决的两个"不可能"。

第一个"不可能"，是"刹住了许多人认为不可能刹住的歪风"。这是在谈作风建设时说到的。

杨晓渡举例说，"人民群众原来说一年公款吃喝要吃掉两千亿，不知道用什么办法治住它。就这么一个'八项规定'出来，应该说这个问题基本上解决了。"

第二个"不可能"，是凤凰卫视的记者提出的问题：像孙政才、王珉、苏荣等原高级干部，贪腐问题不是一天两天了，但还是得到了升迁，是不是说明干部监管还存在盲区漏洞？

杨晓渡的回答则很坦诚：我们管党治党，确实曾经出现过一段"宽松软"的时期，让这些腐败分子、这样伪装的"两面人"有了可乘之机，能够得逞于一时。十八大以来，立案查处的省军级以上的党员干部及其他中管干部,加到一起已经440人了,比重相当高,"这样做,就是为了补既往的过"。

他紧接着说,通过一系列的工作,以后,这些人"想要再投机、再钻营、再钻空子,可是比过去大大不容易了。我不敢说没有漏网的,但是我想,再出现过去那样的情况是不可能了"。

全面从严治党的最新生动例证,大概就是十九大代表的资格审查了。根据中组部副部长齐玉的介绍,十九大代表"材料必审、个人的有关重大事项必核、纪检机关意见必听、线索具体的来信举报必查"。因此,无论是9月29日前查处的孙政才等27人,还是29日名单公布后又拿掉的7人,都是"永远在路上"的最新体现。

在参与代表团讨论时,对这样的局面扭转、态势变化,王岐山则有更凝练的表述:树立起了党中央集中统一领导的权威,"从根本上扭转了党的领导弱化、党的建设缺失、从严治党不力的状况,真正体现出中国特色社会主义最本质的特征,校正了党和国家前进的航向"。

这是非常重要的"大事",也是非常难以做的、曾经被认为"不可能"。

很有意思的是,杨晓渡专门介绍了自己跟新西兰、新加坡、中国香港廉政公署交流反腐工作时的心得——

"大家都说,反腐败最关键的一条,是领导人的决心。对于中国来讲,这个决心就是党中央的决心,就是总书记这个党中央核心的决心和定力,这个大家都看到了。我觉得,对于我们的反腐败经验来讲,这一条是最重要的,如果没有习近平总书记和党中央坚强有力的领导,中央纪委能做多大的事?有了党中央的核心,有了坚强的定力,中央纪委就能做更多的工作。"

政治

全面从严治党是一项整体动态工程,包括政治、思想、组织、作风、纪律、制度等多个建设方面。其中排"统领"、居首位的，是政治建设。

在论述与党有关的问题时，我们时常会用到"讲政治"这个词。习近平在作报告时，用了非常长的篇幅论述"党的政治建设"。我们可以按照他的表述，读懂对于党员干部来说，到底什么是"讲政治"——

首要的，是全党服从中央，坚持党中央权威和集中统一领导，坚定执行党的政治路线，严格遵守政治纪律和政治规矩，在政治立场、政治方向、政治原则、政治道路上同党中央保持高度一致；

尊崇党章，营造风清气正的良好政治生态，自觉抵制商品交换原则对党内生活的侵蚀；坚持民主基础上的集中和集中指导下的民主相结合，既充分发扬民主，又善于集中统一；

忠诚老实、公道正派、实事求是、清正廉洁，坚决防止和反对个人主义、分散主义、自由主义、本位主义、好人主义，坚决防止和反对宗派主义、圈子文化、码头文化，坚决反对搞两面派、做两面人；

说到底，就是要"对党忠诚、为党分忧、为党尽职、为民造福作为根本政治担当，永葆共产党人政治本色"。

根据杨晓渡的介绍，过去五年，全国纪检监察机关一共处分153.7万人，涉嫌犯罪被移送司法机关处理的5.8万人。这其中，立案审查省军级以上党员干部及其他中管干部440人（包括中央委员、候补委员43人、中央纪委委员9人）；纪律处分厅局级干部8900余人、县处级干部6.3万多人、基层党员干部27.8万人。

这些人，如果对照以上的标准，一定是触犯了其中的某一项或者多项，不会例外。这也会成为新时代全面从严治党的指导，执纪者也会按此"对表"。

如前文所述，今天的两项重磅议程，也已透露出十九大之后全面从严治党的发展信号。

比如，新的巡视计划正在制订，十九大闭幕后就要展开新的巡视；"不忘初心，牢记使命"的主题教育要在全党推开；正风肃纪依然会进行，无禁区、全覆盖、零容忍、重遏制、强高压、长震慑的反腐败斗争决心依然"坚如磐石"。正如一周前侠客岛分析的那样，未来的大概率是"力度不减、节奏不变"。中共不会满足于"压倒性态势已经形成"，而且要"夺取压倒性的胜利"。

"全面从严治党永远在路上。在全面从严治党这个问题上，我们不能有差不多了，该松口气、歇歇脚的想法，不能有打好一仗就一劳永逸的想法，不能有初见成效就见好就收的想法。必须持之以恒、善作善成。"习近平今天的这番话，给十九大之后全面从严治党工作定了调。

毕竟，"广大党员希望我们党是能够这样的，广大人民群众会支持我们党朝这个方向做的"。作为最大的政治，民心民意，给了中国共产党最大的信心和底气。

第二章
发挥巡视监察的利剑作用

1. 锻造巡视监督利剑　探索自我净化路径　推动全面从严治党向纵深发展

——党的十八大以来中央巡视工作综述

编者按： 党的十八大以来，以习近平同志为核心的党中央坚持党要管党、全面从严治党，取得了重大的历史性成就。党中央把巡视作为加强党内监督的战略性制度安排，纳入全面从严治党总体部署，深入推进巡视工作理论创新、实践创新、制度创新，不断赋予巡视制度新的活力，探索了一条实现党自我净化的有效路径，彰显了中国特色社会主义民主监督制度优势，丰富了治国理政新理念新思想新战略，为坚持党的领导、加强党的建设、全面从严治党提供了有力支撑，为统筹推进"五位一体"总体布局和协调推进"四个全面"战略布局提供了坚强保障。

党的十八大以来，党中央高度重视巡视工作，中央政治局和中央政治局常委会共召开23次会议研究巡视工作，听取巡视汇报，审议巡视专题报告。习近平总书记率先垂范、亲力亲为，每次都发表重要讲话，深刻阐述巡视工作重大意义，明确巡视目标任务和工作重点，为巡视工作深化发展指明了方向。党中央制定巡视工作五年规划，确立巡视工作方针，深化巡视政治定位，完善巡视工作格局，强化巡视成果运用，对加强和改进巡视工作作出一系列重大决策部署。中央巡视工作领导小组牢固树立"四个意识"，不折不扣贯彻党中央精神，共召开115次会议研究部署任务，狠抓工作落实。巡视工作力度、广度、深度和效果大幅提升，成为党之利器、国之利器，发挥了标本兼治战略作用。

全面贯彻落实党章要求 与时俱进创新巡视理论形成习近平巡视工作思想

全面遵循党章要求，明确巡视工作定位。党章是党内根本大法，是立党、治党、管党的总章程。党的十八大以来，党中央带头尊崇党章、自觉维护党章、切实贯彻党章，坚决把党章各项要求落实到全面从严治党全过程各环节。中央政治局常委会会议研究中央巡视工作规划时，习近平总书记深刻指出，巡视是党章赋予的重要职责，是加强党的建设的重要举措，是从严治党、维护党纪的重要手段，是加强党内监督的重要形式；强调中央巡视组是党中央直接派的，要当好"钦差大臣"，切实加强对党组织领导班子及其成员特别是主要负责人的监督，无论是谁，包括中央政治局委员兼任省区市党委书记的，都在巡视监督范围之内。习近平总书记站在党要管党、从严治党的战略高度，深刻阐述了巡视监督主体、监督职责、监督对象，科学界定了巡视工作定位，明确了巡视权威根本上是党章赋予的，巡视组的派出主体是党中央和省区市党委，体现的是党的集中统一领导，为巡视工作深入开展定准了坐标、指明了方向。

准确把握形势任务，确立巡视工作方针。党的十八大以来，党中央深入分析和准确判断当前世情国情党情，深刻指出党风廉政建设和反腐败斗争形势依然严峻复杂。习近平总书记在听取巡视汇报时多次强调，腐败和反腐败呈胶着对垒状态，区域性腐败和领域性腐败交织，用人腐败和用权腐败交织，经济腐败和政治腐败交织，党要管党、从严治党任务尤为紧迫。习近平总书记明确指出，巡视工作要围绕党风廉政建设和反腐败斗争这个中心，把发现问题、形成震慑作为主要任务，着力发现执行党的政治纪律、开展党风廉政建设和反腐败斗争、贯彻落实中央八项规定精神、选拔任用干部等方面的突出问题，当好中央的"千里眼"，找出"老虎"和"苍蝇"；强调巡视组要落实监督责任，敢于碰硬，做到早发现、早报告，促进问题解决，拔"烂树"、治"病树"、护"森林"，坚决遏制腐败现象蔓延势头。习近平总书记以强烈的历史责任感、深沉的使命忧患感，从依然严峻复杂的形势出发，对巡视工作转职能、转方式、转作风作出一系列重要论述，明确了"发现问题、形成震慑，推动改革、促进发展"的巡视工作方针，有效解决了过去巡视"任务宽泛、职能发散"的问题；创造性提出"巡查式"、"点穴式"、"回访式"、"机动式"等方式方法，擦亮了巡视利剑，增强了巡视威慑力和实效性。

聚焦全面从严治党，深化政治巡视。党的十八届六中全会对全面从严治党进行再动员、再部署，审议通过了新形势下党内政治生活若干准则和党内监督条例，深化了对管党治党规律的认识。习近平总书记与时俱进提出政治巡视理论，强调巡视工作要坚定政治方向、坚持问题导向、坚守价值取向，把坚持党的领导作为根本目的，把加强党的建设作为根本途径，把全面从严治党作为根本保障。政治巡视要以"四个意识"为政治标杆，以党章党规党纪为政治尺子，把维护党中央权威和集中统一领导作为根本政治任务，把统筹推进"五位一体"总体布局和协调推进"四个全面"战略布局作为基本政治要求，坚定"四个自信"，盯住"关键少数"，查找政治偏差，着力发现党的领导弱化、党的建设缺失、全面从严治党不力、党的观念淡漠、组织涣散、纪律松弛、管党治党宽松软等突出问题，严肃党内政治生活，净化党内政治生态，发挥政治"显微镜"和政治"探照灯"作用。

结合学习贯彻习近平总书记系列重要讲话精神和治国理政新理念新思想新战略，中央巡视工作实践不断深化，从一开始聚焦党风廉政建设和反腐败斗争这个中心，围绕"四个着力"，发现问题、形成震慑，到围绕"六项纪律"，突出纪严于法、纪在法前，再到聚焦党的领导、党的建设、全面从严治党深化政治巡视，站位越来越高，定位越来越准，工作越来越深入，成效越来越明显。时代是思想之母，实践是理论之源。伴随着管党治党不断深化，习近平总书记关于巡视工作的重要论述也不断丰富发展，形成了系统科学的习近平巡视工作思想，这是治国理政新理念新思想新战略的重要组成部分，是中国特色社会主义党建理论创新的重大成果，为巡视工作提供了根本遵循，为管党治党提供了强大思想武器和行动指南。

兑现政治承诺 彰显利剑作用
在党的历史上首次实现一届任期内巡视全覆盖

巡视全覆盖对全党进行了全面政治体检。党的十八届三中全会对巡视全覆盖作出明确部署，要求改进中央和省区市巡视制度，做到对地方、部门、企事业单位党组织全覆盖。党的十八届六中全会进一步强调，党委要在一届任期内实现巡视全覆盖。中央巡视工作领导小组坚决贯彻落实党中央要求，创新组织制度和方式方法，实行"三个不固定"，巡视组长"一次一授权"，不搞"铁帽子王"，坚持常规巡视与专项巡视相结合，积极探索"巡查式"、"点穴式"、"回访式"、"机动式"巡视，通过"板块轮动、分类安排"扎实推进巡视全覆盖。中央巡视组共开展12轮巡视，巡视了277个党组织，对16个省区市开展"回头看"，对4个中央单位开展了"机动式"巡视；各省区市党委共组织巡视了8362个党组织；中央军委组织开展13批次巡视，完成了对军委管理的党组织的常规巡视全覆盖和回访巡视全覆盖，并开展3批次专项"机动式"巡视。在党中央坚强有力领导下，巡视工作在党的历史上首次实现一届任期全覆盖，体现了党内监督无禁区的鲜明立场和全面从严治党的坚定决心，对推进党的建设新的伟大工程具有重要里程碑意义。通过巡视全覆盖，深入揭示了省区市存在的腐败问题及其严重危害性，"一把手"腐败破坏从政环境、吏治腐败破坏用人导向、寻租腐败破坏经济秩序、基层腐败破坏社会风气；揭示了中央和国家机关党的领导弱化、党的观念淡化、"两个责任"虚化、部门利益固化，"灯下黑"现象突出等问题；揭示了国有企业党的领导弱化危及执政政治基础，利益输送危害执政经济基础，选人用人问题损害执政组织基础，"四风"问题禁而不绝削弱执政群众基础等问题；揭示了金融机构监管体制弊端积聚经济安全风险，违规违纪经营引发社会稳定风险，寻租腐败严重凸显行业廉洁风险，利益冲突衍生监管道德风险等问题；揭示了中管高校贯彻党的教育方针政策存在偏差、党组织发挥政治功能存在偏差、从严管党治校存在偏差、管理体制机制存在偏差等问题。实践证明，巡视全覆盖既是一次全面政治体检，也是一次深刻的党性教育和思想洗礼，唤醒了各级党组织和党员干部党的观念、党员意识，强化了管党治党政治担当，增强了党的凝聚力、战斗力和领导力、号召力。

巡视全覆盖为反腐败零容忍提供有力支撑。习近平总书记强调，只有全覆盖，才能零容忍。党的十八大以来，巡视工作突出问题导向，坚持对腐败问题零容忍，深入发现了一批领导干部违纪违规问题线索，有力印证反腐败斗争形势依然严峻复杂。中央纪委立案审查的中管干部案件中，超过60%的问题线索来自巡视。根据巡视发现的问题线索，严肃查处孙政才、苏荣、周本顺、王珉、白恩培、王三运、黄兴国、卢恩光等严重违纪案件，以及山西系统性、塌方式腐败案，湖南衡阳破坏选举案、四川南充拉票贿选案、辽宁拉票贿选案等重大案件，形成极大震慑和警示，展示了党中央猛药去疴、除恶务尽的立场决心，提振了全党全社会的反腐信心，凝聚了全面从严治党的强大共识。在中央巡视的示范带动下，各省区市党委巡视组发现反映领导干部问题线索5.8万余件，推动纪检监察机关对1225名厅局级、8684名县处级干部立案审查。巡视成为发现问题的"尖兵"、纪律审查的"前哨"，为零容忍提供有力支撑，促进了减存量、遏增量，推动形成反腐败斗争压倒性态势。

巡视全覆盖推动持续纠正"四风"。党的十八大以来，党中央把制定改进工作作风、密切联系群众的八项规定作为全面从严治党的开篇之作，持之以恒整饬作风、激浊扬清，试出了人心向背。各级巡视机构坚决贯彻党中央要求，把落实中央八项规定精神情况作为监督重要内容，对"四风"问题紧盯不放、寸步不让，共发现违反中央八项规定精神和"四风"问题线索3.6万余件。巡视结合党的群众路线教育实践活动和"三严三实"专题教育，督促对"四风"问题立行立改，快查快结快处，对典型问题点名道姓通报曝光，强化知畏知止的高压态势。截至目前，根据中央巡视发现的"四风"问题线索，共处理党员干部3133人。巡视对持续纠正"四风"发挥了"催化剂"作用，有力促进解决干部群众反映强烈的公款吃喝、公款旅游、公车私用、私人会所奢靡享乐等突出问题，深入揭示了事业单位、国有企业等领域执行中央八项规定精神打折扣、做选择、搞变通，"四风"禁而不绝现象，督促严肃查处了一批顶风违纪问题。巡视不断释放越往后越严的强烈信号，坚决防止"四风"问题反弹回潮，推动中央八项规定精神落地生根，带动作风整体转变，实现党内正气上升、社会风气上扬，进一步树立了党在群众中的威信和形象，凝聚了党心民心。

巡视全覆盖有力促进从严治吏。党的十八大以来，党中央坚持从严治党必先从严治吏，立明规矩、破潜规则，确立好干部标准，匡正风气、刷新吏治。巡视工作紧扣党中央要求，把选人用人特别是执行换届纪律情况作为重点监督内容，深入查找并推动解决选人用人不正之风和腐败现象。党的十八大以来，中央巡视工作对被巡视地区和单位党组织选人用人情况开展了全覆盖的专项检查，发现重点问题1600余个，处理纠正问责4483人次。深入组织开展"三超两乱"、档案造假、违规兼职、"裸官"等问题专项整治，集中解决了一批违规用人、"带病提拔"、跑官要官、买官卖官、拉票贿选等突出问题，制定修订了防止干部"带病提拔"的意见、党委（党组）讨论决定干部任免事项守则、领导干部报告个人有关事项规定等一批制度。巡视成为从严治吏的重要平台，进一步严明了组织纪律，匡正了选人用人风气，树立了正确用人导向，促进了领导班子和干部队伍建设，夯实了党执政的组织基础。

巡视全覆盖促进净化党内政治生态。党的十八大以来，党中央把严肃党内政治生活作为全面从严治党的根本性基础工作，严明政治纪律和政治规矩，坚决清除党内政治隐患，全面净化党内政治生态。巡视工作坚持把政治纪律和政治规矩摆在首位，对照"七个有之"、"五个必须"，着力查找被巡视党组织和党员领导干部在政治忠诚、政治担当、政治生态等方面存在的深层次问题。中央巡视发现党的领导弱化、党的建设缺失、全面从严治党不力等方面问题8200余个，省区市和中央单位巡视发现相关问题5.2万余个。巡视深入揭示了一些地方和领域政治生态恶化，圈子文化、码头文化、好人主义盛行等突出问题，促进肃清周永康、薄熙来、郭伯雄、徐才厚、令计划等在全党造成的流毒影响，推动查处了一批党员领导干部把"四个意识"当口号、做"两面人"，对党中央大政方针口是心非、阳奉阴违，在重大原则上旗帜不鲜明、立场不坚定等违反政治纪律的典型案件。加强对意识形态工作责任制落实情况的监督检查，深入发现和推动解决意识形态领域存在的阵地管理风险和政治安全隐患。巡视监督从思想、政治、组织、作风上全面透视党内政治生态，严肃了党内政治生活，提高了党员领导干部的政治警觉性和政治鉴别力，增强了"四个意识"，强化了维护党中央权威和集中统一领导的思想自觉、政治自觉、行动自觉，促进党内政治生态明显好转，巩固了党执政的政治基础和思想基础。

用好巡视制度利器 促进依规管党治党
探索破解自我监督难题

与时俱进修改巡视工作条例，完善党内监督制度体系。党的十八大以来,党中央坚持思想建党、组织建党和制度治党相结合,坚持实践探索在前、总结提炼在后,制定修订了80多部中央党内法规,管党治党制度规则不断完善,为依法治国、依规治党提供了有力制度支撑。随着巡视实践发展,党中央两次修订修改巡视工作条例,及时将政治巡视、一届任期内巡视全覆盖、中央和国家机关巡视、市县巡察等实践创新成果固化为制度,体现了与时俱进的理论品格和实事求是的科学精神。中央巡视工作领导小组坚决落实依规治党要求,组织制定46项巡视工作配套制度,为依纪依规开展巡视扎牢了制度笼子。巡视工作许多重要制度成果,被吸收到新形势下党内政治生活若干准则、党内监督条例、党纪处分条例、问责条例等重要党内法规之中,促进了党内法规制度建设,完善了中国特色社会主义党内监督制度体系。

加强制度执行监督检查,促进依规管党治党。习近平总书记强调,法规制度的生命力在于执行,制度治党要靠党章党规党纪,把严的要求贯穿管党治党全过程,一手抓制定完善,一手抓贯彻执行。制度执行最终靠人,离开领导干部的以身作则、自觉担当,再好的制度也会成为"稻草人"。党的十八大以来,巡视工作坚持纪严于法、纪在法前,以党章党规党纪为尺子,加强对被巡视党组织和党员领导干部遵守党章、执行党规党纪、落实"两个责任"情况的监督检查,深入查找各种违纪违规行为,抓早抓小、动辄则咎,使纪律规矩真正成为"带电的高压线",防止出现"破窗效应"。巡视监督有力推动制度落实,督促领导干部发挥"关键少数"作用,增强党章党规党纪意识,坚持高标准、守住底线,带头按规矩办事、按制度用权,促进形成尊崇制度、遵守制度、捍卫制度的良好氛围,不断提高依规管党治党水平。

探索党的自我净化路径,破解自我监督难题。党的十八大以来,党中央把巡视作为党内监督战略性制度安排,坚持党内监督和群众监督相结合,通过巡视监督带动党内其他监督和群众监督,赋予巡视制度新的活力。每轮巡视进驻前都公布巡视对象,进驻后公开邮政信箱和举报电话、开门接访，与干部群众广泛谈话，巡视结束后公开反馈意见和整改情况，主动接受群众监督。党中央给巡视撑腰，干部群众敢于说真话、道实情，中央巡视组共受理来信来访159万件次，与党员干部和群众谈话5.3万人次，有效拓展了发现问题的渠道，提高了发现问题的能力。同时，加强巡视监督与纪检监察监督、组织部门监督、审计监督、司法监督、舆论监督的协调配合，建立健全巡视工作与有关部门的协调协作机制，巡视前充分听取纪检监察、组织人事、信访、审计等部门的情况通报，巡视期间密切配合协作，巡视结束后及时向有关部门移交问题和线索，实现了巡视成果共享、监督无缝对接的联动效果，形成强大监督合力。巡视成为全面从严治党制度利器，是依法治国、依规治党的生动实践，探索了党在长期执政条件下自我净化的有效路径，充分发挥了党的领导政治优势和组织优势，激发了群众有序参与监督的积极性，彰显了中国特色社会主义民主监督制度优势。

层层传导压力 完善巡视工作格局
把全面从严治党要求落到实处

深化省区市巡视工作，推动落实管党治党责任。党的十八大以来，党中央率先改进巡视工作，发挥了示范作用。习近平总书记明确指出，要进一步加强对省区市党委巡视工作的领导，层层传导压力，层层落实责任，发挥省级巡视的基础作用。根据党中央部署，中央巡视工作领导小组对31个省区市和新疆生产建设兵团党委巡视工作进行了全覆盖的专项检查，通过示范传导、检查传导、制度传导，不断推动省区市党委加强和改进巡视工作。各省区市党委对巡视工作重视程度明显提高，把抓巡视作为落实主体责任的具体化，全部建立了党委常委会会议和书记专题会议研究巡视工作制度，党委书记认真履行第一责任人责任，对巡视发现的问题，表态更加鲜明、要求更加明确、措施更加具体。省区市巡视工作领导体制和工作机制不断完善，全部建立了由纪委书记任组长、党委组织部长任副组长的巡视工作领导小组，设立了巡视工作领导小组办公室并明确为同级党委工作部门，组建了246个巡视组。省区市党委巡视工作不断深化发展，监督效果明显提升，有力促进了各级党委管党治党主体责任和监督责任的落实。

规范中央单位巡视工作，促进解决"灯下黑"问题。中央和国家机关是党和国家治理体系的中枢，权力集中、地位重要。习近平总书记强调，权力越大，越容易产生"灯下黑"，强化党内监督首先要把中央和国家机关管好。党的十八届六中全会对中央和国家机关党组（党委）巡视工作作出明确部署，新修改的巡视工作条例提出了具体要求。根据党中央部署，中央巡视工作领导小组专门召开座谈会，督促党组（党委）落实主体责任、加强组织领导，积极推动中央单位巡视工作规范发展。截至目前，已有65个中央和国家机关开展了巡视，共巡视了1730个党组织，着力发现并推动解决贯彻党的路线方针政策不到位、党的观念淡薄、纪律松弛、基层党组织软弱涣散、机关党委和机关纪委作用虚化等"灯下黑"问题，有力促进中央和国家机关加强党的领导、党的建设和全面从严治党，强化了对权力的监督制约，确保党中央政令畅通。

全面铺开市县巡察工作，推动从严治党向基层延伸。党的十八大以来，党中央结合各地实践探索，把巡察制度作为全面从严治党向基层延伸的重大创新举措，制定《关于市县党委建立巡察制度的意见》，推动各省区市党委全面铺开市县巡察工作。截至目前，31个省区市和新疆生产建设兵团、15个副省级城市全部建立了巡察制度，336个市地、2483个县区开展了巡察工作。市县巡察紧密结合基层实际，突出问题导向，着力发现和推动查处侵吞挪用、克扣强占惠民资金特别是扶贫资金等损害群众切身利益问题，不作为、乱作为、妄作为、胡作为等脱离群众问题，以及"雁过拔毛"、"村霸"等微腐败问题，让群众切身感受到管党治党新气象，增强获得感、受益感，密切了党同人民群众的血肉联系，筑牢了党执政的群众基础。

强化巡视成果运用 剑指问题倒逼改革
发挥标本兼治战略作用

加强统筹领导，善用巡视成果。党的十八大以来，党中央高度重视巡视成果运用，把用好巡视成果作为加强和改进巡视工作的关键环节。习近平总书记每次听取巡视汇报都旗帜鲜明点人、点事、点问题，对成果运用作出具体指示，明确要求对巡视发现的问题和线索，移交中央纪委、中央组织部和有关部门分类处置，做到件件有着落、事事有回音；强调党中央和国务院分管领导都要担起责任，加强督促指导，统筹推动解决分管部门、分管领域存在的问题。党的十八大以来，中央巡视机构共向党中央和国务院分管领导同志通报巡视情况59次，向中央纪委、中央组织部以及有关部门移交问题和线索9400余件，加强跟踪督促了解，及时汇总成果运用情况，在件件有着落上集中发力，确保巡视成果落到实处。

严肃巡视反馈，狠抓整改落实。巡视发现问题，整改解决问题。习近平总书记强调，巡视发现的问题，根本责任在被巡视党组织，要原原本本反馈，直接找党委（党组）书记说事，坚决把整改责任压下去，对敷衍整改、拒不整改、整改不到位的严肃追责。中央巡视工作领导小组不断改进巡视反馈和整改工作，安排巡视工作领导小组副组长和成员参加反馈，要求被巡视党组织书记签收巡视反馈意见，落实整改责任，限期报送整改情况，并及时向党内通报、向社会公开，主动接受干部群众和舆论监督，体现中央巡视的权威性和严肃性。党的十八大以来，277个被巡视党组织根据中央巡视反馈意见，共制定整改措施2.1万余条，建立完善制度3.3万余项，问责追责45万余人次。通过巡视整改，强化了管党治党政治责任，推动解决党的领导弱化、党的建设缺失、全面从严治党不力等突出问题，促进管党治党从宽松软走向严紧硬，确保党的路线方针政策和党中央决策部署落到实处。

剑指问题，促进全面深化改革。习近平总书记强调，巡视既是治标之举，也是治本之策。巡视把个性、共性、规律性问题都找出来了，要加强归纳提炼，从体制机制管理上分析原因，为深化改革提供问题导向参考。党的十八大以来，中央巡视机构针对巡视发现的共性问题，形成各类专题报告230份。中央政治局会议分别审议巡视省区市、中央企业、中央和国家机关、中央政法单位、意识形态单位、中管高校等6项专题报告，对各地区、各领域存在的共性问题进行专题研究，综合施策、集中整治，深入推进司法体制、金融监管体制、教育体制、中央企业领导班子管理体制和行政审批制度改革。根据巡视发现的问题，有关单位建立完善了一批制度，制定了一批改革措施，着力破除体制机制弊端，补齐短板、堵塞漏洞，推动解决地方领导干部"一家两制"、中央单位"红顶中介"、国有企业"靠啥吃啥"、高校校办企业管理混乱等共性问题。巡视剑指问题、倒逼改革，发挥了标本兼治战略作用。

党的十八大以来党中央推进巡视工作的重大举措和成效，集中展示了以习近平同志为核心的党中央管党治党的政治担当、刀刃向内的政治勇气、力挽狂澜的政治魄力、开拓创新的政治智慧、不忘初心的政治定力。巡视利剑经过5年磨砺，威力愈加彰显，成为"王者之剑"，破解自我监督难题，探索冲破"历史周期率"，有力印证我们党完全有决心、有能力、有韧劲解决自身存在的问题，实现自我净化、自我完善、自我革新、自我提高。同时要清醒认识到，全面从严治党依然任重道远，必须保持战略定力，坚持不懈用好巡视这把利剑，做到真管真严、敢管敢严、长管长严，推动全面从严治党向纵深发展。

在坚持中深化 在深化中坚持
巡视工作积累了宝贵经验

党的十八大以来巡视工作取得的所有成绩，究其根本，得益于以习近平同志为核心的党中央旗帜鲜明、立场坚定、意志品质顽强、领导坚强有力；得益于全党上下团结一心和共同努力；得益于人民群众充分信任和积极参与；得益于广大巡视干部忠诚履职和辛劳智慧。巡视工作在坚持中深化、在深化中坚持，形成了以下基本经验。

必须增强"四个意识"，旗帜鲜明讲政治，把维护党中央权威和集中统一领导作为根本政治任务。中国特色社会主义最本质的特征是中国共产党的领导，最大的优势也是中国共产党的领导，坚持和加强党的全面领导是当代中国最重大的政治原则。巡视发现的所有问题，归根结底都是党的领导弱化、党的建设缺失、全面从严治党不力，党内政治生活不严肃、不健康造成的。党中央强调"四个意识"，具有鲜明的现实针对性。"四个意识"是具体的、不是抽象的，集中体现为维护党中央权威、贯彻党的路线方针政策。巡视是政治巡视，必须以"四个意识"为政治标杆，以党的政治建设为统领，牢牢把握政治方向、政治立场和政治大局，准确把握政治和业务的有机统一关系，善于从厚植党执政的政治基础的高度辨析问题，把讲政治作为首要标准，把政治纪律和政治规矩摆在首要位置，把好政治关这个首要关口，盯住"关键少数"，查找政治偏差，严肃党内政治生活，净化党内政治生态，发展积极健康的党内政治文化，督促被巡视党组织和党员干部从政治上、大局上向核心看齐，用实际行动维护以习近平同志为核心的党中央权威和集中统一领导，确保党始终成为中国特色社会主义事业的坚强领导核心。

必须坚定"四个自信"，坚持党内监督和群众监督相结合，发挥中国特色社会主义民主监督制度优势。自我监督是世界性难题，我们党长期执政、全面执政，最大挑战就是对权力的有效监督。实现党的历史使命，必须不断探索破解自我监督难题，形成发现问题、纠正偏差的有效机制。党的巡视制度汲取了中华优秀传统文化的营养，是马克思主义政党理论与当代中国实际相结合的创新成果，开创了党内监督和群众监督紧密结合的有效途径和方式。巡视工作必须加强历史、哲学和文化思考，坚定中国特色社会主义道路自信、理论自信、制度自信、文化自信，坚持自上而下的组织监督和自下而上的民主监督相结合，通过巡视监督带动党内其他监督和群众监督、舆论监督，把上级对下级、同级之间、下级对上级的监督以及群众对党的监督充分调动起来，实现同频共振，不断增强监督实效，维护党的肌体健康，永葆党的先进性和纯洁性。

必须保持战略定力，坚持全覆盖、零容忍，不断把全面从严治党引向深入。全面从严治党基础在全面，关键在严，要害在治。巡视全覆盖的创新实践，生动诠释了从严治党"基础在全面"的重要规律，真正做到了党内监督无禁区、无例外，体现了我们党与腐败现象水火不容、格格不入的鲜明立场和有腐必反、有贪必肃的坚强决心。全面从严治党永远在路上，巡视工作必须保持政治定力，坚持全覆盖、零容忍不动摇，做到全方位扫描、全过程监督，确保利剑高悬、震慑常在。坚持发现问题、形成震慑不动摇，严格落实巡视监督责任，牢固树立有重大问题应当发现而没有发现就是失职、发现问题没有如实报告就是渎职的观念，紧紧盯住重点人、重点事、重点问题，把握"树木"和"森林"关系，发挥全面从严治党利剑作用，巩固反腐败斗争压倒性态势，促进构建不敢腐、不能腐、不想腐的体制机制，坚决打赢这场输不起的斗争。

必须突出问题导向，坚持从严治党和深化改革相结合，推进国家治理体系和治理能力现代化。改革的本质是组织和制度创新，由问题倒逼而产生，又在不断改革中深化。巡视工作必须突出问题导向，围绕中心、服务大局，在坚持党的领导上聚神，在加强党的建设上聚力，在推进全面从严治党上聚焦，为统筹推进"五位一体"总体布局、协调推进"四个全面"战略布局提供有力支撑。坚持破立并举，既要拿出"当下改"的举措，集中解决巡视发现的突出问题；又要透过现象看本质，加强综合分析，堵塞漏洞、完善制度，形成"长久立"的机制，做到全面从严治党和全面深化改革相结合，实现依法治国和依规治党相统一，不断完善中国特色社会主义制度，推进国家治理体系和治理能力现代化。

必须强化政治担当，坚持用好巡视成果，促进落实管党治党"两个责任"。巡视成果运用是考校各级党组织和领导干部责任担当的"试金石"。只有真巡视、真发现问题、真整改，巡视才会真有效果。必须善用巡视成果，根据责任主体分类处置，做到件件有着落、条条要整改。对反映领导干部的问题线索按照"四种形态"优先处置，对"四风"问题立行立改，对选人用人问题专项整治，对有问题的干部发现一批、惩治一批、挽救一批。强化巡视整改责任，督促党委（党组）领导班子特别是主要负责人把自己摆进去，主动认领责任，防止把层层传导压力变成层层推卸责任，在整改落实上见真章。各级党组织都要以巡视整改为契机，切实担负起管党治党政治责任，做到守土有责、守土负责、守土尽责，把各项事业的领导权、管理权、话语权牢牢掌握在党的手中，发挥好党委（党组）把方向、管大局、做决策、保落实的政治作用。

必须尊崇党章党规，坚持实事求是原则，确保巡视工作经得起实践、人民、历史的检验。巡视是党章赋予的重要职责，中央巡视组代表党中央去巡视，背负着党中央的权威和信用，既是信任、也是考验。巡视工作必须做到对党绝对忠诚，尊崇党章、敬畏党纪，严格依纪依规开展巡视监督，坚持实事求是，恪守党性原则，严格把握政策，通过深入了解作出准确分析和判断，全面客观反映巡视情况，对党中央负责，对被巡视党组织负责，对党员干部负责，确保巡视结果让人信服，做到讲事实辨真伪、讲原则明是非、讲政策衡利弊，经得起实践、人民、历史的检验。

必须坚持打铁还需自身硬，培养严实深细作风，打造忠诚干净担当的巡视队伍。巡视工作使命光荣、责任重大,要切实加强巡视队伍建设,为推动巡视工作向纵深发展提供坚强组织保障。各级党组织要高度重视和支持巡视工作,将政治素质高、业务能力强、敢于坚持原则的干部选派到巡视组锻炼,发挥巡视锤炼干部的熔炉作用。信任不能代替监督。必须以更高的标准、更严的要求教育管理监督巡视干部,加强作风建设和纪律建设,坚定理想信念宗旨,做到为民务实清廉,践行忠诚干净担当,打造一支让党放心、人民信赖的巡视队伍。

巡视工作永远在路上。让我们紧密团结在以习近平同志为核心的党中央周围,不忘初心、继续前进,不负重托、不辱使命,坚定不移推进全面从严治党,与时俱进将巡视工作发扬光大,为新的时代条件下进行伟大斗争、建设伟大工程、推进伟大事业、实现伟大梦想作出更大贡献。

新华社北京 9 月 28 日电

2. 高举巡视利剑 推进全面从严治党
——十八届中央巡视回眸

6月21日，随着十八届中央第十二轮巡视对中国农业大学、北京航空航天大学等15所中管高校党委巡视反馈情况的集中公布，十八届中央最后一轮巡视反馈情况全部向社会公布。

这标志着党的十八大以来，中央巡视如期完成对省区市地方、中央和国家机关、国有重要骨干企业、中央金融单位和中管高校等5个"板块"的巡视全覆盖，实现了党的历史上首次一届任期内中央巡视全覆盖。

回望4年多来，在以习近平同志为核心的党中央坚强领导下，中央巡视工作不断向纵深发展，从2013年5月第一轮巡视正式启动，到2017年6月最后一轮巡视反馈结束，12轮巡视共巡视277个单位党组织，对16个省区市开展"回头看"，对4个单位进行"机动式"巡视，实现了党内监督不留空白、没有死角。

巡视监督在全面从严治党中的尖兵和利剑作用充分彰显，巡视制度被赋予新的活力，在管党治党理论和实践上实现重大创新与突破，兑现了向党和人民作出的庄严承诺。

认识达到新高度——把中央巡视作为着眼长远的战略性制度安排，不断完善丰富

"巡视是党章赋予的重要职责，是加强党的建设的重要举措，是从严治党、维护党纪的重要手段，是加强党内监督的重要形式。"

  2013年4月25日，中央政治局常委会审议《关于中央巡视工作领导小组第一次会议研究部署巡视工作情况的报告》。习近平总书记用"四个重要"强调了巡视工作的重要地位和作用，为十八届中央巡视工作指明了方向。

  回顾巡视工作的发展历程，它始终都是党内监督的一项战略性制度安排。

  1990年，党的十三届六中全会提出，中央和省区市党委可以根据需要派出巡视工作小组。1996年中央纪委第一次派出巡视组。2001年，中央纪委、中央组织部联合派出巡视组开展巡视。党的十六大报告提出建立和完善巡视制度。党的十七大把巡视制度写入党章。2009年，党中央颁布《中国共产党巡视工作条例（试行）》，成立中央巡视工作领导小组，将中央纪委、中央组织部巡视组提升更名为中央巡视组。党的十八大报告更是明确指出，"更好发挥巡视制度监督作用。"

  党的十八大以来，以习近平同志为核心的党中央着眼于严峻复杂的反腐败斗争形势，从坚持党的领导、加强党的建设和全面从严治党的大局出发，把巡视工作摆在更加突出的位置。

  4年多来，中央巡视代表党中央，始终在党中央的直接领导下进行。中央政治局常委会议审议通过《中央巡视工作规划（2013—2017年）》。每轮中央巡视之后，中央政治局常委会都要听取中央巡视工作领导小组的情况汇报。习近平总书记以身作则、率先垂范，每次听取汇报都详细审阅巡视报告，对巡视中发现的问题有针对性地评判，对重要的整改、处置工作作出指示，对巡视的目标任务、方式方法、成果运用、队伍建设和制度建设提出明确要求。

  "中央给了巡视组尚方宝剑，是'钦差大臣'，是'八府巡按'，就要尽职履责，不能大事拖小，小事拖了，对腐败问题要零容忍。"

  "要以问题为导向，派出'侦察兵'，哪里反映声音大、问题多，就派到哪里去侦察,就像公安系统的110、路面巡警制度,要在创新机制上下功夫。"

"向被巡视地区、单位反馈时,要直指问题,一五一十把问题抖搂出来,根本不要搞任何遮掩,责成其认真整改。"

"巡视过的31个省区市,不是一巡视了就完事,要出其不意,杀个'回马枪',让心存侥幸的感到震慑常在。"

"对巡视发现的问题和线索,要分类处置、注重统筹,在件件有着落上集中发力。"

……

在中央全会、中央纪委全会、中央政治局常委会会议、中央政治局会议等重要会议上,习近平总书记多次就巡视工作发表重要讲话,始终亲自指导推动巡视工作明定位、抓重点、求创新、出实效。

2015年2月,中央政治局会议审议《关于巡视31个省区市和新疆生产建设兵团情况的专题报告》;

2015年11月,中央政治局会议听取关于巡视55家国有重要骨干企业有关情况的专题报告;

2017年2月,中央政治局会议审议《关于巡视中央和国家机关全覆盖情况的专题报告》;

2017年4月,中央政治局会议审议《关于巡视中央政法单位情况的专题报告》;

2017年5月,中央政治局会议审议《关于巡视中央意识形态单位情况的专题报告》。

……

在中央巡视通过"板块轮动"的方式,陆续实现省区市地方、中央和国家机关、国有重要骨干企业、中央金融单位等"板块"巡视全覆盖后;在通过分领域、分类别的方法实现对中央某一领域单位巡视全覆盖后,中央政治局多次召开会议听取审议"专题报告",听取情况、分析问题、作出部署。

从2013年的"中央巡视组第一轮巡视""中央巡视组第二轮巡视",到"2014年中央巡视组首轮巡视""2014年中央巡视组第二轮巡视",再到2016年,第九轮开始统一称为"十八届中央第×轮巡视",名称统一的背后是认识的一步步深化。

从第一轮巡视聚焦作风、贪腐、政治纪律和选人用人等问题的"四个着力",到第三轮巡视增加对主体责任、监督责任"两个责任"和组织纪律执行情况的检查监督,到第九轮巡视"把政治巡视的要求高举起来",再到后面几轮坚定不移深化政治巡视,巡视监督内容不断扩展。

随着巡视工作实践的不断发展,中央巡视的定位越来越清晰,方向越来越明确,内容越来越聚焦,站位也越来越高。这充分证明:巡视作为党内监督的"利剑",不是权宜之计,而是着眼长远的战略性制度安排。

实践创造新成果——发现问题、形成震慑,倒逼改革、促进发展,巡视监督发挥标本兼治战略作用

2013年5月,中央巡视工作动员暨培训会议召开,党的十八大以后第一轮中央巡视正式启动。随后,10个中央巡视组进驻内蒙古、江西、湖北、重庆、贵州、水利部、中国储备粮管理总公司、中国进出口银行、中国出版集团、中国人民大学。

中储粮总公司"基层腐败案件高发多发""虚报库存、掺杂使假等问题时有发生";江西"有的领导干部及其亲属存在插手工程建设项目、谋取私利";中国人民大学"自主招生等方面存在薄弱环节"……

4个月后,中央巡视反馈情况首次通过中央纪委监察部网站、被巡视地方和单位官方网站和主要媒体,向社会集中公布,接受干部群众监督。中央巡视组"不留情面""严厉辣味"的措辞风格立即引起舆论高度关注。

动真碰硬的背后,是巨大的政治勇气和鲜明的政治态度。

从此,尖兵出动,利剑出鞘。中央巡视保持力度和节奏,踩着不变的步伐,向着纵深发展,向着全覆盖迈进。

截至2014年第四轮巡视,中央巡视在不到2年时间内,对31个省区市和新疆生产建设兵团实现全覆盖;到2015年第七轮巡视,完成对55家央企巡视全覆盖;到2015年第八轮巡视,完成对中央金融单位巡视全覆盖;到2016年第十一轮巡视,完成对中央和国家机关巡视全覆盖;到2017年第十二轮巡视,完成对中管高校巡视全覆盖。

中央巡视组以雷霆万钧之势,掀起了一场场惩贪去恶的"反腐风暴"和激浊扬清的政治生态"保卫战"。

第一轮巡视,中央巡视组进驻江西,发现了全国政协原副主席、江西省委原书记苏荣严重违纪问题线索;第二轮巡视,中央巡视组进驻山西,由此揭开该省"系统性、塌方式腐败"的盖子,随后山西7名省部级干部被调查;湖南衡阳破坏选举案、四川南充拉票贿选案、辽宁拉票贿选案等一系列重大案件,相继在巡视中被揭露;王珉、黄兴国、杨鲁豫、杨振超等一批"老虎"在巡视"回马枪"中纷纷落马。

……

据统计,党的十八大以来,中央纪委立案审查的中管干部中,50%以上是根据巡视移交的问题线索查处的。

这些案例和数据,充分证明了巡视监督在全面从严治党中发挥了尖兵和利剑作用、政治"显微镜"和"探照灯"作用。

——中央巡视监督推进了党内监督和群众监督相结合。

中央巡视组每次进驻,都通过权威媒体渠道第一时间公布联系方式,设置举报信箱,广泛开展干部个别谈话,认真受理群众来信来访,严肃对待反映问题线索。巡视进驻公开、巡视反馈公开、巡视整改公开,发动了干部群众,赢得了党心民心。

截至第十一轮巡视，仅巡视中央和国家机关就累计受理信访 16 万多件次，与干部群众谈话 1.8 万多人次；对 55 家央企巡视全覆盖中，累计与干部群众谈话 1.1 万多人次，受理各类信访举报 11 万多件次。

实践证明，巡视是中国特色的民主监督形式，是党内监督与群众监督的有机结合，是党密切联系群众的重要形式。

——中央巡视进一步倒逼改革、促进发展。

巡视反馈对"问题病症"一针见血、毫不避讳，坚持透过现象看本质，对发现的普遍性、倾向性问题进行归纳提炼，为全面深化改革提供问题导向参考。

巡视整改对"政治体检报告"严肃对待、照单全收，落实责任、积极整改，建章立制、堵塞漏洞，做到件件有着落、事事有回音。

针对中央巡视组指出的，一些地方少数领导干部配偶子女在其管辖范围内经商办企业等问题，上海率先制定实施有关规定，进行制度化、规范化、常态化管理，随之这项改革试点在北京、广东、重庆、新疆推开。

针对中央巡视组指出的，央企党的观念淡漠、党的领导弱化、只抓业务不抓党建等共性问题，中央有关部门大力推进国企党建工作，在机构设置、人员配备、领导力量、经费保障、责任落实等方面加强制度建设，设立专职党委（党组）副书记。

——中央巡视传导推动地方巡视工作深入发展。

省级巡视实现全覆盖。截至 4 月底，各省区市党委已顺利完成 8362 个地方、部门、企事业单位党组织全面巡视任务，实现了本届党委任期巡视全覆盖。根据巡视移交问题线索，各地纪检监察机关立案厅局级干部 1225 人，县处级干部 8684 人。

市县巡察打通党内监督"最后一公里"。截至目前，31 个省区市和新疆生产建设兵团均部署开展巡察工作，335 个市（地州盟）、2220 个县（市区旗）党委建立巡察制度，共巡察基层党组织 8.8 万个。

从中央巡视到省级巡视再到市县巡察，巡视监督横向全覆盖、纵向全链接，已经形成全国巡视"一盘棋"的战略态势。

制度焕发新活力——方式方法不断创新，法规建设快速推进，巡视制度被赋予新的活力

5月26日，中央政治局召开会议，审议《关于修改〈中国共产党巡视工作条例〉的决定》。这距离2015年8月新修订的《中国共产党巡视工作条例》印发施行还不满两年时间。

实践探索在前，理论总结在后。这么短的时间对同一个条例进行再度修改和完善，来自巡视工作理论和实践的快速变化和巨大进展。

党的十八大以来，中央巡视工作不断在创新中向纵深发展，新思路、新方式、新手段、新打法层出不穷。

2013年，第一轮巡视开始探索实行"三个不固定"，即组长不固定、巡视对象不固定、巡视组和巡视对象的关系不固定，同时建立中央巡视组组长库，一次一授权，不搞"铁帽子"。

2014年，第三轮巡视在常规巡视的同时首次探索开展专项巡视，即针对某个省区市、部门或单位的突出问题开展巡视，机动灵活、闻风而动、精准发现、定点突破。经过试点，专项巡视从第五轮起全面推开。

2015年，中央第六轮巡视开始探索分类专项巡视，实行"一托二"，即每轮一个组巡视2个单位，一个组长配备2名副组长，多个巡视组同类同步安排、分批集中汇报。第八轮巡视，在普遍实行"一托二"的基础上，开始试点"一托三"。

2016年，第九轮巡视首次开展"回头看"，对已巡视过的辽宁、安徽、山东、湖南等4省杀了"回马枪"。"回头看"是围绕政治的再巡视，既要检查上次巡视整改落实情况，也要着力发现新问题。

2017年，第十二轮巡视试点开展"机动式"巡视。"机动式"巡视人员少、时间短、节奏快，通过"小队伍、短平快、游动哨"的方式灵活机动安排，着力发现"灯下黑"问题。

……

每年都有"第一次"，巡视利剑的"剑法"可谓不断出新，变化无穷。

随着实践的不断发展，巡视工作取得的新成果新认识新经验新办法，逐渐上升为法规制度。

2013年11月，党的十八届三中全会决定，改进中央和省区市巡视制度，做到对地方、部门、企事业单位全覆盖。巡视全覆盖的目标首次在党的中央全会上提出。

2015年6月，中央政治局会议审议通过《中国共产党巡视工作条例（修订稿）》，对2009年颁布的《中国共产党巡视工作条例（试行）》进行首次修订。对巡视定位、内容、方式、程序、纪律等各个方面进行了系统阐述和规定。

2016年10月，党的十八届六中全会审议通过的《中国共产党党内监督条例》明确提出，中央和省、自治区、直辖市党委一届任期内，对所管理的地方、部门、企事业单位党组织全面巡视，首次在党内法规中对巡视全覆盖提出硬要求，全覆盖的内涵进一步扩展。

2017年5月，中央政治局审议《关于修改〈中国共产党巡视工作条例〉的决定》，巡视工作条例再度"升级"，将总结吸纳巡视工作实践创新成果，对中央和国家机关巡视工作、市县巡察工作、一届任期内巡视全覆盖等作出明确规定，为依纪依规开展巡视、推动巡视工作向纵深发展提供了制度保障。

制度来自实践，又进一步指导实践。4年多精心打磨，十二轮持续创新，十八届中央把巡视这把"利剑"擦得更亮，让巡视制度焕发了新的活力。

全面从严治党永远在路上，巡视也永远在路上。实现一届任期内巡视全覆盖目标不是终点，而是新征程的开始。

在以习近平同志为核心的党中央坚强领导下,巡视工作必将在新的更高的起点上继续前进,不辱中央使命、不负人民期待,继续书写全面从严治党的崭新篇章。(新华社记者罗宇凡、朱基钗)

新华社北京6月21日电

3. 积极探索实践 形成宝贵经验 国家监察体制改革试点取得实效
——国家监察体制改革试点工作综述

编者按： 以习近平同志为核心的党中央作出深化国家监察体制改革的重大决策部署，决定在北京市、山西省、浙江省开展国家监察体制改革试点。试点省（市）探索实践，积极稳妥推进试点工作，圆满完成试点任务，取得重要阶段性成果，形成了可复制可推广的宝贵经验。

党的十九大对深化国家监察体制改革再动员再部署，要求将试点工作在全国推开。近日，中共中央办公厅印发《关于在全国各地推开国家监察体制改革试点方案》。11月4日，十二届全国人大常委会第三十次会议通过关于在全国各地推开国家监察体制改革试点工作的决定。本社今天播发长篇综述，对试点工作进行系统总结，为在全国推开试点提供示范样本和实践经验，推动这一事关全局的重大政治体制改革试点顺利实施，完善党和国家自我监督体系。

深化国家监察体制改革是以习近平同志为核心的党中央作出的重大决策部署，是事关全局的重大政治体制改革。根据党中央决定，在北京市、山西省、浙江省开展试点，为在全国推进国家监察体制改革积累经验。党的十九大作出新的重大部署，要求深化国家监察体制改革，将试点工作在全国推开，组建国家、省、市、县监察委员会，同党的纪律检查机关合署办公，实现对所有行使公权力的公职人员监察全覆盖。这是推动全面从严治党向纵深发展的重大战略举措，对于健全中国特色国家监察体制，强化党和国家自我监督具有重大意义。

一、改革试点工作取得明显成效

党中央高度重视深化国家监察体制改革及试点工作。习近平总书记6次主持召开中央政治局会议、中央政治局常委会会议和中央全面深化改革领导小组会议专题研究，审议通过改革和试点方案，对改革作出顶层设计，明确了试点工作的时间表和路线图；在党的十八届六中全会、十八届中央纪委七次全会和"7·26"重要讲话中作出重大部署。习近平总书记十分关心改革试点进展情况，2017年6月23日在视察山西时指出，"你们在国家监察体制改革试点上下了很大功夫，制度优势正在转化为治理效能，要运用好这一改革成果"，为进一步做好改革及试点工作指明了前进方向、坚定了信心决心。

中央深化国家监察体制改革试点工作领导小组认真落实党中央决策部署，切实加强对试点工作的指导、协调和服务。王岐山同志多次主持召开会议传达学习习近平总书记重要讲话精神，16次研究改革方案、10次研究部署试点工作，赴3省（市）调研指导。全国人大常委会迅速通过试点工作的决定，为试点工作提供法治保障。中央组织部研究提出试点地区监察委员会干部管理体制和任免审批程序。中央政法委加强协调，统筹司法执法机关积极配合改革试点。最高人民检察院坚决贯彻党中央决策部署，深入细致做好转隶人员思想政治工作和线索移交，确保工作有机衔接。中央编办对试点地区涉改单位人员编制机构转隶进行具体指导。通过扎实有效的工作，齐心协力把党中央要求落到实处。

试点省（市）党委多次召开全委会、常委会和试点工作小组会议，深入学习领会习近平总书记重要指示精神，牢固树立"四个意识"，不断提高政治站位和政治觉悟，强化责任担当，充分发挥"施工队"

作用，积极坚定、审慎稳妥推进试点工作，圆满完成试点任务，推动国家监察体制改革取得重要阶段性成果。

（一）完善了党和国家自我监督体系。试点地区从关乎党的事业兴衰成败和国家前途命运的高度，充分认识深化国家监察体制改革与全面深化改革、全面依法治国、全面从严治党的关系，切实把思想和行动统一到党中央决策部署上来，将试点工作作为重大政治任务谋划、部署和推进，探索完善党和国家自我监督的有效途径。

实现党内监督与国家监察相统一。深刻认识党内监督与国家监察是一体两面的辩证关系，认真落实"既完善党的自我监督，又加强对国家机器监督"的要求，在实现党内监督全覆盖的同时，建立国家监察机构，实现对所有行使公权力的公职人员监察全覆盖，真正把公权力关进制度笼子，体现了党内监督与国家监察内在一致、高度互补。改革后，北京市监察对象达到99.7万人，较改革前增加78.7万人；山西省监察对象达到131.5万人，较改革前增加53万人；浙江省监察对象达到70.1万人，较改革前增加31.8万人。

准确把握监察委员会的定位。充分认识深化国家监察体制改革是确立中国特色监察体系的创制之举，明确监察委员会实质上就是反腐败工作机构，和纪委合署办公，代表党和国家行使监督权，是政治机关，不是行政机关、司法机关。在履行监督、调查、处置职责过程中，始终坚持把讲政治放在首位，综合分析政治生态整体情况，把握"树木"和"森林"关系，有效运用监督执纪"四种形态"，把党的政策策略体现在工作实践中，不断增强反腐败工作的政治效果，推动形成风清气正的良好政治生态。今年1至8月，北京市运用"四种形态"处理6546人次，同比增长47.2%；山西省运用"四种形态"处理27239人次，同比增长19.2%；浙江省运用"四种形态"处理24085人次，同比增长119.6%。

（二）健全了反腐败领导体制。试点过程中，3省（市）从组织形式、职能定位、决策程序上将党对反腐败工作的统一领导具体化，决策指挥、资源力量、措施手段更加集中统一，党领导的反腐败工作体系更加科学完备。

把坚持党的领导贯穿始终，主体责任有效落实。3省（市）党委牢固树立"四个意识"，强化集中统一领导，把改革试点工作列入省（市）党委常委会重要议事日程，纳入省（市）党委全会工作部署，深入研究，靠前指挥，确保试点任务顺利完成。3省（市）党委书记担任试点工作小组组长，带头调查研究，把握试点方向，抓住制定实施方案、人大选举、转隶挂牌、留置措施使用等关键节点，亲力亲为解决遇到的具体问题。省（市）纪委充分发挥牵头作用，精心做好组织协调；省（市）人大制定工作方案，确保监察委员会及时依法设立；省（市）党委组织部认真配合做好监察委员会领导班子组建配备工作；省（市）党委政法委牵头解决监察委员会与司法执法机关协调衔接问题；省（市）检察院在省（市）党委统一领导下，主动配合做好转隶，确保各项工作顺畅衔接。在党委统一领导下，形成纪委牵头推进、部门各负其责、合力协同攻坚的良好工作局面。通过试点工作，党委全面从严治党主体责任进一步强化，敢抓敢管、动真碰硬，问责力度不断加大。今年1至8月，北京市问责204人、13个党组织。经党中央批准，北京市委对北京农产品中央批发市场管委会党委实施改组，这是北京历史上首例依据党章党规作出的改组决定。山西省问责2514人。浙江省问责1046人。

党委细化工作措施，对反腐败领导更加坚强有力。试点地区党委切实加强对纪委、监委工作的领导，由原来侧重"结果领导"转变为"全过程领导"，把党的领导体现在全面从严治党的日常工作中。党委书记定期研判问题线索、分析反腐形势、把握政治生态，第一时间听取重大案件情况报告，对初核、立案、采取留置措施、作出处置决定等认真审核把关，随时听取重要事项汇报，确保党牢牢掌握对反腐败工作的领导权。今年1至8月,北京市、山西省、浙江省分别召开36次、25次、29次省(市)党委常委会会议研究管党治党、反腐败工作;省(市)党委书记批准谈话函询、立案审查、采取留置措施等事项分别达到90人次、44人次、22人次。

(三)构建了集中统一、权威高效的监察体系,实现对行使公权力的公职人员监察全覆盖。按照试点方案要求,试点地区整合行政监察、预防腐败和检察院查处贪污贿赂、失职渎职及预防职务犯罪等工作力量,有效解决行政监察范围过窄、反腐败力量分散等问题,实现由监督"狭义政府"到监督"广义政府"的转变。

集中力量抓好转隶,完成三级监委组建。3省(市)把转隶作为推进试点工作的关键,坚持高标准,逐个审核转隶人员档案,严把政治关、严格资格条件,对不适合到纪委、监委工作的不予转隶。按照时间服从质量的原则,扎实做好监察委员会组建工作,成熟一个组建一个,防止"一刀切"。截至2017年4月27日,试点地区全面完成省、市、县监察委员会组建和转隶工作,北京市共划转编制971名,实际转隶768人;山西省共划转编制2224名,实际转隶1884人;浙江省共划转编制1889名,实际转隶1645人。

全面覆盖公职人员,公权力受到有效监督。为实现对本地区行使公权力的公职人员监察全覆盖,试点地区将监察对象扩展到试点方案确定的六大类,并在此基础上作了深化探索。山西省将原由公安机关管辖的国有公司、企业、事业单位人员行贿受贿、失职渎职以及村民委员会等基层组织人员贪污贿赂、职务侵占等罪名调整为监委管辖;浙江省将"国家机关、事业单位、国有企业委派到其他单位从事公务的人员"纳入监察范围。

适应监督全覆盖要求,将监察职能向派驻机构和乡镇一级拓展。在各级监委全部组建的基础上,3省(市)根据本地实际和工作需要,将派驻纪检组更名为派驻纪检监察组,授予部分监察职能,实现监察职能的横向延伸。改革后,北京市、山西省、浙江省纪委、监委派驻纪检监察机构分别为40个、35个、35个。探索授予乡镇纪检干部必要的监察权限,推动国家监察向基层延伸。山西省选择朔州市平鲁区、临汾市安泽县,通过县级监委赋予乡镇纪检干部监察员的职责和权限,协助乡镇党委开展监察工作。

（四）实现纪委、监委合署办公,机构、职能和人员全面融合。试点地区实行党的纪律检查委员会、监察委员会合署办公,对党委全面负责,履行纪检、监察两项职责,监察委员会不设党组,主任、副主任分别由同级纪委书记、副书记兼任,实行一套工作机构、两个机关名称。

聚焦中心任务,科学设置机构。按照试点方案要求,试点地区纪委、监委共同设立内设机构,在力量配备上向监督执纪一线倾斜。北京市纪委、监委设立29个内设机构,监督执纪部门的机构数、编制数占总数的79%和74%;山西省纪委、监委设立21个内设机构,监督执纪部门的机构数、编制数占总数的76.2%和74.6%;浙江省纪委、监委设立25个内设机构,监督执纪部门的机构数、编制数占总数的76%和77.6%。

把握动态平衡,做好过渡期衔接。为保持工作连续性,试点地区都设置了改革过渡期,抓好各项政策和工作衔接,检察院对有关职务犯罪案件线索进行全面梳理,列出详细清单,转隶后移交监察委员会;以领导关系转隶为时间节点,按照"老事老办法、新事新办法"的原则,转隶前检察院反贪、反渎部门已立案、尚未办结的按原有程序办理,转隶后新立案调查的按监委相关规定办理。

加强思想引领,促进干部队伍有机融合。针对纪检干部和转隶人员的工作特点,试点地区纪委、监委对转隶人员加强党章党规党纪教育,对原有人员加强宪法法律知识培训,补齐短板、发挥优势,有效提升综合素质和履职能力。将转隶人员与现有人员融合编制,纪委、监委班子成员同每名转隶人员谈心谈话，开展深入细致的思想政治工作，增强转隶人员政治认同和归属感，把纪检监察机关和检察机关的好传统、好作风融合在一起、传承下去。北京市坚持机构组建与支部组建同步推进，发挥党建统领作用和党支部战斗堡垒作用，强化忠诚干净担当要求。山西省三级纪委、监委主要负责同志逐一同转隶人员面对面谈心谈话，班子成员入户家访2807次，全省1.8万名纪检监察干部实现集中培训全覆盖。浙江省采取集中学习、专题研讨等多种方式进行业务培训，有效推动理念和工作融合。

（五）实践运用调查权、发挥留置威慑力，充分行使监委职责权限。3省(市)各级监委认真履行监督、调查、处置职责，探索运用调查手段，严格规范权力行使，确保惩治腐败力度不减。

全要素试用调查措施，有效发挥职能作用。按照能试尽试原则，试点地区监委在调查职务违法犯罪过程中充分运用12项调查措施和技术调查、限制出境等措施。今年1至8月，3省（市）已累计开具各类调查措施文书53448份，采取技术调查措施16批次，限制出境179批次633人。通过12项调查措施的运用，监委履职有力有效，保持了惩治腐败高压态势。今年1至8月，北京市处置问题线索6766件，同比上升29.7%；立案1840件，同比上升0.7%；处分1789人，同比上升35.4%。山西省处置问题线索30587件，同比上升40.4%；立案11261件，同比上升26.4%；处分10557人，同比上升11.7%。浙江省处置问题线索25988件，同比上升91.5%；立案11000件，同比上升15.5%；处分9389人，同比上升16.1%。北京市、山西省、浙江省分别追回外逃党员和国家工作人员12人、9人、10人。

规范行使监察权，建立健全工作机制。坚持宽打窄用，严把决策审批关，试点地区针对不同调查措施设置不同审批程序，重要事项集体研究决定，相关材料全程留痕、存档备查。严格按照刑事诉讼证据标准调查取证，对调查措施的适用条件、执行方式、程序要求等作出细化规定，统一文书格式，采取调查措施进行重要取证工作全程同步录音录像，调查措施的使用更加严谨规范。用"政务处分"代替"政纪处分"，调整处分审批权限，依法对职务违法犯罪的公职人员作出处置。今年1至8月，北京市、山西省、浙江省分别给予政务处分284人、1180人和951人。

全过程测试留置流程，增强规范性和可操作性。通过改革试点，试点地区均以留置取代"两规"，解决了长期想解决而没有解决的法治难题，提升了以法治思维和法治方式惩治腐败的能力。细化审批权限、工作流程和方式方法，把纪委原"两规"场所、公安机关看守所作为留置场所，对留置折抵刑期、异地留置进行探索，做好留置案件调查与审理工作对接。坚持惩前毖后、治病救人，留置期间注重对被调查人的思想教育和政策讲解，促使被调查人主动认识错误、如实说明问题。强化被调查人权利保障，采取留置措施及时书面通知家属，限定留置期间讯问时间、时长，坚守安全底线。今年1至8月，3省（市）共留置183人，其中北京市留置43人、山西省留置42人、浙江省留置98人。

（六）探索执纪监督与执纪审查部门分设的内部监督机制。试点地区各级纪委、监委把深化转职能、转方式、转作风贯穿试点工作始终，创新体制机制，调整内部机构设置，实现案管、监督、调查、审理各环节相互配合、相互制约。

省、市两级实行执纪监督与执纪审查部门分设。北京市、山西省、浙江省纪委、监委执纪监督部门分别为8个、8个、7个，执纪审查部门分别为8个、3个、6个。试点地区执纪监督部门与执纪审查部门均由不同副书记分管，执纪监督部门负责联系地区和单位的日常监督、不负责具体案件查办；执纪审查部门负责对违纪违法行为的初核和立案审查，不固定联系某一地区或者部门，一案一指定、一事一授权；充分发挥审理部门审核把关作用，对事实不清、证据不足的案件，可退回执纪审查部门补充证据或重新调查。

统筹整合监督力量。北京市理清执纪监督、派驻监督的工作关系和重点领域,加强与巡视巡察监督的工作联系,形成了横向拓展、纵向延伸、监督联动的工作体系。山西省探索建立与派驻机构、巡视巡察机构联动监督机制,做到监察全覆盖、常态化。浙江省在不改变派驻机构组织架构前提下,统筹调配执纪监督部门和派驻机构人员力量,打通监督渠道、形成监督合力。

完善内部纪法衔接。试点地区省、市两级纪委、监委执纪审查部门既审查违纪问题、又调查违法犯罪问题,对监督对象既涉嫌违纪又涉嫌违法的案件,执纪审查和执法调查同时启动、同步进行,严把事实关、程序关和法律适用关,提高证据标准,使证据直接运用于司法审判,解决了长期以来纪律与法律衔接不畅的问题。北京市根据监察对象身份、案件性质的不同,分别采取同步立案、先执纪审查后依法调查、先监委依法调查后由其他纪检组织执纪审查等不同模式,做好执纪审查与依法调查的工作对接。浙江省分别设计纪检措施文书和监察措施文书、纪检立案程序和监察立案程序,明确以监委名义获取的证据可以用于认定违纪问题,使执纪审查与依法调查既相对分开又有序衔接。

强化自我监督制约。试点地区在探索实践中认真落实监督执纪工作规则,严格执行集体决策、请示报告、回避、涉案款物管理、借用人员管理等规定,建立打听案情、过问案件、说情干预报告和登记备案制度,形成严密的自我监督体系。充分发挥纪检监察干部监督机构作用,严肃查处私存线索、跑风漏气、以案谋私等违纪违法行为,坚决防止"灯下黑"。今年1至8月,北京市处置纪检监察干部违纪问题线索164件,立案11件,给予党纪政务处分7人,组织处理14人;山西省处置纪检监察干部违纪问题线索609件,立案82件,给予党纪政务处分92人,组织处理111人;浙江省处置纪检监察干问题线索374件，立案4件，给予党纪政务处分3人，组织处理4人。

（七）形成监察机关与司法执法机关相互衔接、执纪与执法相互贯通的工作机制。在省（市）党委领导下，试点地区充分发挥党委政法委的协调作用，加强监察机关与公安机关、检察机关、审判机关的沟通协作，实现了监察程序与司法程序有序对接、监察机关与司法执法机关相互制衡。

调查工作更加顺畅。建立健全监察机关与司法执法机关的协调机制，"法法"协调衔接全线打通、顺畅高效。北京市制定监察机关与检察机关案件办理工作衔接办法以及与政法机关在查办党员和公职人员涉嫌违纪违法犯罪案件中协作配合工作规则，强化办案协调和工作衔接。山西省建立监察机关与公检法司各单位工作联席会议制度，完善党员和公职人员涉嫌违纪违法案件和案件线索通报、移送机制，探索实践检察机关提前介入，保证案件办理质量。浙江省以反腐败协调小组名义制定《关于办理职务犯罪案件中加强协作配合的意见》，明确监察措施执行、移送起诉、刑事审判等方面衔接问题，在留置措施执行方面明确公安机关的监管责任，形成由监委决定采取留置措施、公安机关具体负责管理的工作机制。

案件处置质量和效率明显提高。3省（市）在加强监察机关与检察机关之间制约制衡方面积极实践，监察机关调查终结的职务犯罪案件由检察机关依法采取强制措施、提起公诉，检察机关有权退回监察委员会补充调查、自行补充侦查、作出不起诉决定。今年1至8月，3省（市）检察机关共受理监委移送案件219件281人，仅2件3人退回监委补充调查达到审查起诉标准后再次移送，已提起公诉76件85人，法院审结20件23人；检察机关办理监察机关移送案件审查批捕、审查起诉平均用时仅2.7天、22.4天，远少于法律规定的14天、45天。

（八）实践探索在前、总结提炼在后，为制定国家监察法提供实践基础。试点地区紧紧围绕改革试点方案提出的目标任务，积极探索实践、认真归纳总结，形成了可复制可推广的经验，为改革全面推开和制定国家监察法提供了实践支撑。

坚持以问题导向推动改革。对试点方案未明确规定、但实践中遇到的具体问题，试点地区大胆探索尝试。北京市研究提出中央在京单位公职人员职务犯罪案件管辖原则，探索向城市副中心建设等重大项目派驻监察专员。山西省针对铁路运输单位跨省域管理的实际，积极探索合理衔接、全面覆盖、有效监察的机制和办法。浙江省按照级别管辖和属地管辖相结合原则，细化案件管辖权限，特别是针对本行政区域内属于上级垂直管理单位公职人员的案件调查工作，经与所在单位党组织沟通后，按照干部管理权限，实行分级管辖。

归纳提炼各具特色的制度规范。在实践基础上，试点地区认真梳理总结有效做法和管用实招，探索建立了监察权有效运行的操作规程。北京市研究制定36项制度，构建了以试点实施方案为核心，涵盖组织决策、执纪执法、纪法衔接、监督制约4个方面的制度体系。山西省制定了执纪监督监察工作试行办法、审查措施使用规范、执纪监督监察工作流程图、执纪监督监察常用文书，以及以省委政法委统筹支持配合试点工作的意见为牵引、公检法司各单位工作办法为主体的"1+4"制度体系。浙江省初步建立起一套涵盖监督、调查、处置各个方面、具有监委特点的"监言监语"制度框架。

在充分肯定成绩的同时要清醒看到，深化国家监察体制改革目前还处于起步阶段，试点工作中也存在一些问题和不足。高校、国有企业和农村社区点多面广，监督力量仍然薄弱；监察机关与司法执法机关相互衔接、相互制衡的机制有待进一步完善；属地管辖和分级管辖在监督范围上存在交叉，少数职务违法犯罪案件管辖权尚不明确；一些地区对推进改革的方法论理解不透彻，在监察范围上过于求全；有的纪检监察干部运用党纪、法律水平不足，把握政策能力还需进一步提高，等等。对于这些问题，必须高度重视，在深化试点、推开改革、完善立法过程中认真研究解决。

二、改革试点工作的重要经验

改革试点工作取得的所有成绩，归其根本靠的是党中央的坚强有力领导和习近平新时代中国特色社会主义思想的指引。试点工作的实践充分证明，党中央关于深化国家监察体制改革的决策部署是完全英明正确的，释放了全面从严治党一刻不能松、夺取反腐败斗争压倒性胜利的强烈信号，给全党全国人民以坚定信心。在试点过程中，积累了一些宝贵经验，主要有以下几个方面。

（一）牢固树立"四个意识"，发挥领导小组指导、协调和服务作用。加强组织领导，确保改革始终沿着正确方向前进，是试点工作取得成功的关键。在党中央的统一领导下，试点工作领导小组始终把习近平总书记重要指示精神作为根本遵循，不断提高政治站位，不折不扣落实党中央决策部署，一丝不苟按照中央精神办事，重大事项一律报中央决定，把从政治和大局上向核心看齐体现在改革试点的全过程。加强对试点中重大问题的指导，抓住转隶组建这个关键环节，要求试点地区做好工作衔接，保持平稳过渡，推动改革试点迈好第一步、站稳第一台阶。坚持有理想但不能理想化，准确把握改革的方向、力度和节奏，领导小组成员深入试点地区开展调研指导，领导小组办公室加强沟通联络，及时就改革试点中的具体问题提供帮助，确保试点工作一步一个脚印扎实推进。

（二）试点地区党委负主责、纪委负专责，充分发挥"施工队"作用。试点地区承担着为监察体制改革探路的重要使命，必须把该担的责任担起来，发挥示范带动作用。试点地区党委把主体责任扛在肩上，党委书记站到改革第一线，当好"施工队长"，严格执行党中央确定的目标任务、基本原则、实施步骤，统筹协调有关部门依职履责，确保党中央决策部署不走样、不跑偏。试点地区纪委切实负起专责，精心筹划，抓好改革试点方案的组织实施和具体落实，聚焦纪法衔接、依法留置、指定管辖等重点难点问题，先行先试、大胆实践，积极探索监察体制改革的具体路径。

（三）把思想政治工作做在前面，切实提高政治站位和政治觉悟。深化国家监察体制改革涉及机构调整、职能划转、人员转隶，只有坚持思想政治工作先行，才能最大程度凝聚改革共识、形成改革合力。试点地区坚持用以习近平同志为核心的党中央决策部署统一思想，深入推进"两学一做"学习教育常态化制度化，有针对性地做好思想政治工作，引导党员干部坚定理想信念宗旨，提高政治水平、强化政治担当。高度重视转隶过程中干部队伍的稳定，摸清思想状况，强化"进一家门、成一家人、说一家话、干一家事"的意识，充分调动工作积极性和主动性，确保人心不散、队伍不乱、工作不断。严明纪律要求，在试点期间决不允许违反组织原则擅自行事，决不允许违反保密纪律随意扩散改革内容，决不允许传播小道消息混淆视听，使干部做到讲政治、顾大局、守纪律。

（四）坚持内涵发展、不搞外延扩张，做到精简高效。改革的本质是实施组织和制度创新，必须立足内涵发展，盘活存量、优化结构，实现改革效益的最大化。在改革后监督范围更广、任务更重的情况下，试点地区纪委、监委机关全面整合机构职能和人员，内设机构数、派驻机构数、人员编制数"三不增"。将工作力量向主业聚焦，监督执纪一线部门进一步得到了加强，转隶人员和现有人员实现优势互补，达到"1+1>2"的效果。有效利用现有资源，充分使用原"两规"场所和公安机关看守所，不新建留置场所。查明涉嫌职务犯罪的移送检察机关审查起诉，监察委员会调查取得的证据材料在刑事诉讼中可以作为证据使用，改变了以往多头调查、重复劳动的局面，提高了审查调查效率。

（五）加强纪检机关、监察机关和司法执法机关统筹协调，保障改革目标顺利实现。深化国家监察体制改革是一项复杂的系统工程，需要建立多方联动协作的公职人员职务犯罪查处机制。试点地区紧紧围绕改革目标，在中央改革试点方案和全国人大常委会试点决定的框架内，大胆创新、立行立改，纪检机关、监察机关和司法执法机关各负其责、各尽其职，协同配合、无缝对接，打通了有效衔接的关键环节，形成了合力推动改革的正能量，体现了查办职务犯罪案件政治效果、法律效果和社会效果的有机统一。

（六）积极稳妥引导舆论，形成有利于改革的良好氛围。深化国家监察体制改革热点难点多、社会关注度高，迫切需要加强对改革的正面宣传和舆论引导。试点地区把试点过程作为统一思想、凝聚共识的过程，坚持公开透明，有计划有步骤地加强宣传引导。充分发挥中央新闻媒体作用，对社会关心的重大问题及时解疑释惑，回应社会关切。加强舆情研判，健全网络突发事件处置机制，特别是对机构整合、人事安排等问题，积极营造关注改革、支持改革的舆论环境。

我们正处在离实现中华民族伟大复兴中国梦最近的历史时期，党面临的最大挑战是对权力的有效监督。全面从严治党，最终是要探索党在长期执政条件下实现自我净化的有效途径，破解历史周期率，永葆党的先进性和纯洁性。党内监督和国家监察是中国特色治理体系的重要组成部分，必须立足当前、谋划长远，着眼完善提高党和国家治理体系和治理能力这个目标，建设强有力的国家监察体系。国家监察体制改革是继巡视全覆盖之后，又一个把党内监督和群众监督结合起来，实现对所有行使公权力的公职人员监察全覆盖，体现依规治党与依法治国、党内监督与国家监督、党的纪律检查与国家监察有机统一的重大组织和制度创新，通过建立完善党和国家自我监督体系和制度，增强了自我净化、自我完善、自我革新、自我提高能力，彰显了中国特色社会主义道路自信、理论自信、制度自信、文化自信。

新华社北京 11 月 5 日电

4. 用留置取代"两规"意味着什么?
——解读国家监察体制改革

党的十九大报告指出,深化国家监察体制改革,将试点工作在全国推开,组建国家、省、市、县监察委员会。同时明确,"推进反腐败国家立法""用留置取代'两规'措施"。

19日,在回答记者关于成立国家监察委员会后,中央纪委工作会不会有什么变化的问题时,中央纪委副书记杨晓渡表示,在党委领导下,纪委和监察委合署办公,充分体现了党领导的党内监督和国家监督、党的纪律检查和国家监察、依规治党和依法治国的有机统一。

"反腐败的力量会更集中,反腐败覆盖面会更广,纪委和监察委的责任更重了,我们的工作也会更加有效。"杨晓渡说。

十九大代表、山西省纪委书记、省监察委主任任建华介绍,山西通过改革试点,极大加强了党对反腐败工作的统一领导,初步形成监察权有效运行机制,制度优势正转化为治理效能。今年4至9月,全省运用监督执纪"四种形态"处理人次同比增长21.9%。

反腐败覆盖面会更广,将涵盖哪些人员?

监察部原副部长肖培此前曾表示,监察范围包括六大类人员:

第一,国家公务员法所规定的国家公职人员;第二,由法律授权,或者由政府委托来行使公共事务职权的公务人员;第三,国有企业的管理人员;第四,公办的教育、科研、文化、医疗、体育事业单位的管理人员;第五,群众自治组织中的管理人员;第六,其他依法行使公共职务的人员。

十九大报告指出，推进反腐败国家立法；制定国家监察法，依法赋予监察委员会职责权限和调查手段，用留置取代"两规"措施。

6月23日，国家监察法草案首次提请全国人大常委会审议。

中国政法大学副校长马怀德指出，国家监察法的立法意义是要通过立法的方式赋予各级监察委员会相应的职责权限，明确其职能，赋予相应的调查手段和调查措施。

"监察委未来履行职能，不是按照刑事诉讼法来行使侦查职能，也不是按照过去的行政监察法行使一般意义上的调查职能，而是一个全新体制，需要行使比较全面的调查权，所以要赋予它有效履行职能的措施和手段，其中一个非常重要的调查措施就是留置。"他说。

3月17日，全国首例监察留置措施由浙江省杭州市上城区监察委实施，涉案人员余某并非党员，涉嫌贪污。

马怀德表示，用留置措施取代"两规"，意味着留置的审批权力是特定的，留置措施的期限是确定的，留置的条件也更加明晰。今后在什么情况下可以采取留置措施、留置的对象是谁、留置的具体方式方法等，在立法中都将明确规定。（新华社记者 朱基钗 齐雷杰）

新华社北京10月23日电

> 延伸阅读

十八大以来,习近平就巡视工作连出"大招"

【学习进行时】巡视工作是治标之举,也是治本之策。十八大以来,习近平总书记高度重视巡视工作,反复强调要让巡视成为"国之利器、党之利器",先后作出许多部署。新华社《学习进行时》原创品牌栏目"讲习所"今天推出文章,为您梳理解读。

5月26日,习近平总书记主持召开中央政治局会议,审议《关于修改〈中国共产党巡视工作条例〉的决定》和《关于巡视中央意识形态单位情况的专题报告》。

十八大以来,习近平就巡视工作连出"大招"。此次对巡视工作条例进行修改,可以说是巡视威慑力的又一次升级。

确保权威性 让巡视"利器"生威

巡视是党内监督的战略性制度安排。习近平反复强调,要让巡视成为"国之利器、党之利器"。

要让"利器"生威,就必须保证权威性。习近平严肃指出,"我们的巡视不是八府巡按,但必须有权威性"。十八届中央巡视工作甫一启动,就明确了中央巡视组代表党中央去巡视,不是业务巡视而是政治巡视。中央巡视组向中央的报告,不是汇报业务问题,而是反映坚持党的领导、加强党的建设、贯彻执行党的路线方针政策方面的情况。巡视直接针对相关地区、部门、单位的党组织和党员领导干部,针对"关键少数"。

回看近年来的中央巡视工作,其实就是一个聚焦聚焦再聚焦的过程，焦点对准党组织、党员领导干部应当肩负的政治责任，可以说是政治"显微镜"和"探照灯"。

据统计，十八大以来，中央纪委立案审查的中管干部中，50%以上是根据巡视移交的问题线索查处的；中央组织部对巡视移交的、反映较为集中的选人用人问题进行专项检查，已处理纠正和追究问责1100多人。

这次中央政治局会议指出，加强巡视工作，必须"聚焦坚持党的领导、加强党的建设、全面从严治党，突出严肃党内政治生活，净化党内政治生态"，政治巡视的要求进一步明确。

"小智治事，中智治人，大智立法。"在习近平看来，确保巡视工作的权威性，更要将许多行之有效的巡视工作方针和经验做法，以党内法规的形式固定下来。

2015年8月，修订后的《中国共产党巡视工作条例》印发施行，其中特别将"实现巡视全覆盖、全国一盘棋"明确写入条例总则，使"全覆盖"成为"刚性"要求。

习近平在十八届中央纪委六次全会上强调，要以贯彻执行巡视工作条例为契机，提高依规依纪巡视能力，推动巡视工作制度化、规范化。将"巡视全覆盖"写入条例总则，其深意就是要一抓到底。监督不留空白，"利剑"方能始终高悬。

截至目前，十八届中央已经完成十一轮巡视，实现对31个省区市和新疆生产建设兵团、中央和国家机关、中管国有重要骨干企业和中央金融机构全覆盖。正在进行的第十二轮巡视过后，将实现一届任期巡视全覆盖目标。

更专更活更准 保持强大震慑效果

中央政治局会议指出，巡视工作"必须在坚持中深化、在深化中坚持，发挥标本兼治作用"。

修订后的《中国共产党巡视工作条例》正式印发施行两年来，巡视工作不断在创新中向纵深发展，新思路、新方式、新手段、新打法层出不穷。

这次条例修改，就是要总结吸纳巡视工作实践创新成果，为依纪依规开展巡视、推动巡视工作向纵深发展提供制度保障。这些创新成果，体现的正是习近平对巡视更专、更活、更准的要求。

回顾前几轮中央巡视，专项巡视已经成为常态。这种打法"灵准狠"、节奏"短平快"的方式，把巡视从程序、时间、对象等固化模式制约中解放出来，赋予了巡视工作更大的灵活性。由于不拘泥于复杂的工作流程限制，往往能够收到出其不意，攻其不备之效。

中央第九轮巡视的36个地区和单位中，32家单位属于专项巡视，首次对4个省开展巡视"回头看"。巡视"回头看"，群众称之为"杀回马枪"，可以说是习近平就巡视工作的又一次"加码"。

各级党组织整改不力是失职，不抓整改是渎职。习近平严肃地说，要开展"回头看"，揪住不放，对敷衍整改、整改不力、拒不整改的，要抓住典型严肃追责。

天津市原市委代理书记、市长黄兴国，辽宁省委原书记王珉，山东省济南市原市长杨鲁豫，安徽省原副省长杨振超等"老虎"，均在巡视"回头看"工作中被拿下。

此外，十八届中央首轮巡视便开始探索"三个不固定"——组长不固定、巡视对象不固定、巡视组和巡视对象的关系不固定。从第六轮巡视起，实行"一托二"乃至"一托三"，每轮一个巡视组巡视两个或三个单位，增强其针对性。目前正在进行的第十二轮巡视又对4个单位试点开展"机动式"巡视，首次派出"流动哨"。

可以预见，今后的巡视工作必将进一步实现有的放矢、精准打击，保持强大的震慑效果。

坚持问题导向　严的要求贯彻始终

全面从严治党，要真管真严、敢管敢严、长管长严。习近平部署巡视工作，最突出最鲜明的特征就是全过程贯彻一个"严"字。

十八届中央纪委历次全会，习近平都对当年巡视工作提出要求。

他要求，纪检机关、组织部门要及时跟进，所有问题都要有明确说法；被巡视单位党组织，自己的问题必须自己"买单"，不能发现问题后还当"看客"和"说客"；省区市、中央和国家机关"一把手"对巡视发现的重点问题，要点出具体人头、提出具体意见，不能点个卯、表个态就完事。

习近平的要求非常细，但核心思想十分突出，就是要坚持问题导向，确保严的要求落到实处、见到实效。

巡视条例修订后，巡视工作紧扣"六大纪律"和"四个着力"，违背党的路线方针政策的言行、独断专行、软弱涣散、严重不团结等问题都纳入巡视范围。

与此同时，党内监督和群众监督相结合的方向愈加明确。已经完成的十八届中央十一轮巡视，仅巡视中央和国家机关就累计受理信访16万多件次，与干部群众谈话1.8万多人次。

层层监督，实是为"严"字托底。"在坚持中深化、在深化中坚持"，巡视工作坚持的必是严的标准，深化的也必是严的举措。"从严治党永远在路上"，作为推进全面从严治党的重大举措，巡视工作向纵深发展，一个"严"字也必将贯彻始终。（新华网记者 王子晖）

来源：新华网，2017年5月31日

第三章

纠正"四风"不能止步

1. 持之以恒正风肃纪

——写在中央八项规定实施五周年之际

"工作作风上的问题绝对不是小事"。中央八项规定实施5年来，聚焦党风政风突出问题，掀起激浊扬清的万钧之势，释放再塑形象的磅礴之力，为推动全面从严治党不断注入强大正能量。八项规定，深刻改变了中国共产党，也深刻改变了中国。

截至今年10月31日，全国已累计查处违反八项规定精神问题19.3万起，给予党政纪处分14.5万人。在以习近平同志为核心的党中央坚强领导下，全党踏石留印、抓铁有痕遏制"舌尖上的浪费"，纠正"会所里的歪风"，整治"车轮上的腐败"，一个个顽瘴痼疾得到有效治理，党风政风焕然一新，带动社会风气明显好转。5年来，清风劲吹、沉疴渐除，八项规定成为全面从严治党的重要抓手，成为中国共产党的亮丽名片。

久久为功方能善作善成。中央八项规定实施之所以能取得显著成效，得益于以习近平同志为核心的党中央以行动作号令，以身教作榜样，以上率下、率先垂范；得益于抓早抓小，一个事项一个事项盯、一个节点一个节点抓，以钉钉子精神驰而不息地加以推进；得益于聚焦突出问题持续发力、铁面执纪；得益于标本兼治，着力从体制机制上堵塞漏洞，扎紧制度笼子。"世界上怕就怕'认真'二字，共产党就最讲认真。"实践证明，只要下定决心、狠抓落实、持之以恒，就没有管不住的"四风"，没有除不掉的积弊。

奋进新时代，迈向新征程。党的十九大站在新的历史方位，对全面从严治党作出新部署，对持之以恒正风肃纪提出新要求。坚持以上率下，巩固拓展落实中央八项规定精神成果，继续整治"四风"问题，坚决反对特权思想和特权现象，强化政治纪律和组织纪律，带动各方面纪律严起来，作风建设依然面临艰巨繁重任务，需要迈出新步伐、展现新作为。

逆水行舟用力撑，一篙松劲退千寻。作风问题具有顽固性和反复性，抓作风建设一刻也不能松懈。近日，中央纪委公布的月报数据显示，今年10月份全国共查处违反中央八项规定精神问题4353起、处理人数6190人，公款吃喝、公款旅游、违规使用公车等问题依然多发，且隐蔽性更强。现实警示我们，"四风"树倒根存，滋生土壤还未彻底铲除。只有坚持问题导向，坚持抓常、抓细、抓长，把落实中央八项规定精神常态化、长效化，才能推动作风建设不断取得新进展、新成效。

作风问题关系人心向背，关系党的执政基础。推动作风建设不断向纵深发展，要坚持从思想上入手，坚持不忘初心、牢记使命，补足党员干部的精神之钙；要在行动中落实，强化监督问责，强化纪律执行；要在制度上发力，以贯彻《中共中央政治局贯彻落实中央八项规定的实施细则》为契机，进一步完善作风建设的各项制度，为管党治党正风肃纪提供坚实支撑；要在密切党同人民群众的血肉联系上下功夫，增强群众观念和群众感情，解决群众反映强烈的突出问题，不断厚植党执政的群众基础。

全面从严治党永远在路上。发扬钉钉子精神，一锤接着一锤敲，一环紧着一环拧，把作风建设坚持不懈抓下去，党风政风一定会越来越正，民风社风一定会越来越好。以强大正能量凝聚起推动中国发展进步的磅礴力量，我们必将在新时代的新征程上开创更加美好的未来。

新华社北京12月3日电

2. 一刻不停歇地推动作风建设向纵深发展
——习近平总书记纠正"四风"重要指示引起强烈反响

"纠正'四风'不能止步，作风建设永远在路上。"近日，习近平总书记就新华社一篇《形式主义、官僚主义新表现值得警惕》的文章，对加强党的作风建设作出重要指示。

这一重要指示，一针见血、切中时弊，内涵丰富、要求明确，充分表明以习近平同志为核心的党中央坚定不移全面从严治党、持之以恒正风肃纪的鲜明态度和坚定决心，在各地党员干部中引起强烈反响。

驰而不息：绝不能有歇歇脚、松口气的想法

党的十八大以来，从制定和执行中央八项规定开始，全党上下纠正"四风"取得重大成效。新华社文章反映，当前"四风"问题中，享乐主义和奢靡之风基本刹住，但形式主义、官僚主义在一定程度上仍然存在，并呈现出一些新的表现形式。

习近平总书记指出，文章反映的情况，看似新表现，实则老问题，再次表明"四风"问题具有顽固性反复性。纠正"四风"不能止步，作风建设永远在路上。

"逆水行舟用力撑，一篙松劲退千寻。党的十九大之后，习近平总书记再次对作风建设作出重要指示，释放出驰而不息正风肃纪的强烈信号。"北京市纪委常委陈名杰说，反"四风"绝不能有歇歇脚、松口气的想法，要提高政治站位，增强政治自觉，以永远在路上的坚韧，锲而不舍抓好作风建设。

陈名杰表示，北京市纪委市监委领导班子成员将自觉对照习近平总书记重要指示精神，对存在的问题切实整改，特别要在如何精简办事环节、畅通工作渠道、提高办事效率上下功夫，力戒各种形式主义、官僚主义。

习近平总书记的重要指示就像一针"清醒剂"，让广大党员干部始终保持一份纠正"四风"的清醒自觉。

"'四风'问题具有顽固性反复性，有一些不良作风像割韭菜一样，割了一茬长一茬。"湖南省郴州市纪委书记李超认为，必须清醒地认识到作风建设既是攻坚战更是持久战，敢于担当、敢打硬仗。郴州市将持续开展"治陋习、树新风"作风建设主题活动，针对办事拖沓敷衍、懒政庸政怠政等形式主义、官僚主义突出问题进行深入整改，成风化俗、形成习惯，推动党员干部作风不断好转，行政效能不断优化。

改进调查研究、转变文风会风，是纠正"四风"的重要内容。

"调查研究必须真正深入基层、深入群众，才能取得实实在在的成效。"湖北省纪委党风政风监督室副主任刘南中介绍，湖北纪检监察机关将把形式主义、官僚主义作为纪律审查和党内问责的重点，继续加大追责问责、通报曝光力度，督促党员干部改进调研方式，转变会风、文风，让越来越多的干部把深入基层一线听民声、查实情作为改进工作的重要方式。

落细落实：以扎实过硬的措施切实整改

纠正"四风"，关键在落实，最终看成效。

习近平总书记明确要求，各地区各部门都要摆摆表现，找找差距，抓住主要矛盾，特别要针对表态多调门高、行动少落实差等突出问题，拿出过硬措施，扎扎实实地改。

贵州六盘水市盘州市委书记付国祥表示，要以作风攻坚战保障脱贫攻坚战。"盘州是国家级贫困县,现有贫困人口 10.12 万人,脱贫攻坚任务艰巨,不是简单一哄而上、喊几句口号、堆几处'盆景'能完成的,必须发扬艰苦奋斗、老实正派的作风,用心用情用力做到'准'和'实'。我们将强化督促督导、过程考核、监督问责和结果运用,对于工作推进不力、工作滞后、推诿扯皮、不作为、慢作为、乱作为的干部,实行一票否决,就地免职。"

作风建设根本上是为了密切党与群众的血肉联系,必须回应群众需求,满足人民期待。

"作为窗口单位,我们的作风怎么样,老百姓看得最清楚。政府改革不是闭门造车,最终要以市场、群众的满意度来评判。"上海浦东新区行政服务中心主任蒋红军说,浦东新区在服务大厅里专门设置了"找茬"窗口,民众和企业在办事过程中遇到了什么问题、有任何建议都可以直接向窗口反映解决。下一步我们还将继续改进服务,借助"互联网+政务服务"手段,把方便留给群众、把复杂交给系统。

习近平总书记曾经指出,形式主义实质是主观主义、功利主义,根源是政绩观错位、责任心缺失。

"为人民服务是具体的、不是抽象的,是实在的、不是空洞的。"陕西咸阳市委书记岳亮表示,要树立正确的政绩观,绝不做表面文章,力戒形式主义,真心实意为群众做实事、办好事、解难事。

"我们将积极推进智慧城市'六个一'惠民工程,探索为老旧小区加装电梯,深化推行'只跑一次'、贫困群众用药保障、新农合即时报销直通车、一枚公章管审批等民生领域改革,不断满足广大群众对美好生活的向往。"岳亮说。

"头雁效应":领导干部要带头转作风

作风好不好,关键看领导。领导干部是作风建设的组织者、管理者、推动者,是作风建设的风向标和指示灯。

习近平总书记在重要指示中指出，各级领导干部要带头转变作风，身体力行，以上率下，形成"头雁效应"。

"'头雁效应'很关键，'关键少数'要抓牢。"福建福州市长乐区委书记许南吉对习近平总书记的重要指示深有感触。

他介绍，去年9月以来，长乐区委把开展移风易俗作为全面从严治党的重要内容，坚持抓住党员干部这个关键少数，着力破除大操大办婚丧喜庆的陋习，通过建立党员领导干部操办或参加婚丧喜庆活动报告公示制度，将模范遵守移风易俗情况纳入干部考察内容，广泛开展谈话提醒，拉紧领导干部的作风红线。

"下一步，我们将继续坚持领导干部带头，一级带着一级干、一级做给一级看，抓住主体责任的'牛鼻子'，严肃问责，坚定不移将作风建设进行到底。"许南吉说。

"纠正'四风'，必须坚持从各级领导干部做起，以上率下、层层带动，坚决防止不良风气反弹回潮。"辽宁省纪委常务副书记丁顺生说，今年以来，辽宁省先后推出省人大常委会原副秘书长、办公厅原主任李会永，沈阳市原副市长祁鸣，省财政厅原副厅长魏跃晖等8篇剖析报告和忏悔录，他们把中央八项规定精神当成耳旁风，当面一套、背后一套，在私人会所接受他人宴请、公车私用、变相公款旅游等问题一经披露，在全省县处级以上党员领导干部中引起很大震动。

"通过纪律教育，强化纪律执行，让党员干部知敬畏、存戒惧、守底线，习惯在受监督和约束的环境中工作生活。"丁顺生说。

内蒙古乌海市委书记史万钧认为，作风建设是关乎人心向背和党的生死存亡的重大问题，各级党委必须坚决扛起管党治党的政治责任。

他介绍，乌海市及时制定出台贯彻落实中央八项规定精神的具体实施办法，将贯彻落实情况纳入落实党风廉政建设责任制、领导干部述职述廉、年终实绩考核范围，构建起了"暗访、执纪、追责、曝光"四并重工作机制，严肃查处违反中央八项规定精神问题75件，给予党政纪处分55人,通报曝光违规违纪问题27批95起,释放出执纪必严、违纪必究的强烈信号。

习近平总书记在重要指示中强调,在即将开展的"不忘初心、牢记使命"主题教育中,要力戒形式主义,以好的作风确保好的效果。

"作为地市一级党委的主要负责人,我们必须以永远在路上的决心和韧劲纠正'四风',自觉担起推进作风建设的主体责任,知责明责、履责尽责、考责问责,切实把责任扛在肩上、记在心上、抓在手上,以实际行动继续交上作风建设的优异答卷。"史万钧说。

新华社北京12月12日电

3. 纠正"四风"没有间歇期　改进作风没有休止符

——中央纪委有关负责同志答新华社记者问

近日，习近平总书记就查摆和纠正形式主义、官僚主义问题作出重要指示，强调"纠正'四风'不能止步，作风建设永远在路上"，再次向全党释放强烈信号——坚定不移全面从严治党，驰而不息改进作风。近日，新华社记者就落实习近平总书记重要指示精神，进一步推进作风建设，采访了中央纪委有关负责同志。

问：请简要介绍党的十八大以来，全党上下推进作风建设、大力纠正"四风"的做法与成效，以及仍待解决的突出问题？

答：党的十八大以来，全面从严治党从中央政治局立规矩开始，从落实中央八项规定精神破题，以习近平同志为核心的党中央，坚持以上率下，以身作则、身体力行，全党各级领导干部自觉向党中央和习近平总书记看齐、对标，一级做给一级看、一级带着一级干；坚持从具体问题抓起，聚焦"舌尖上的浪费""会所中的歪风""车轮上的铺张""节日中的腐败"，深入治理隐形变异新表现；坚持强化监督检查，抓日常、经常抓，紧盯关键节点，充分发挥群众监督作用；坚持严格执纪问责，对不收敛不收手的，一律从严查处，且越往后执纪越严，并把问责作为利器，推动主体责任和监督责任落实；坚持标本兼治，不断完善制度，扎紧扎牢防范不正之风的制度笼子。经过五年的不懈努力，面上奢靡享乐之风基本刹住，群众反映强烈的突出问题得到有效遏制，不正之风惯性得以扭转。我们党用实际行动兑现了

第三章 纠正"四风"不能止步

庄严承诺,赢得了党心民心,刹住了一些过去被认为不可能刹住的歪风邪气,攻克了一些过去司空见惯的顽瘴痼疾,使作风建设成为党的建设一张亮丽名片,并带动了社会风气整体好转。可以说,八项规定改变了中国,在全面从严治党历史进程中写下了浓墨重彩的一笔。

作风建设永远在路上。我们清醒地认识到,党内存在的作风不纯问题还未得到根本解决,"不想"的思想基础仍不够牢靠;压力传导存在逐级递减,上热中温下冷、水流不到头的现象仍然存在;不收敛不收手情况仍然存在,"四风"问题呈现隐形变异;形式主义和官僚主义问题仍然突出,需要着力破题整治;有的制度修订完善不及时,缺乏针对性和可操作性,执行不到位。这些都说明党的作风建设依然任重道远。

问:习近平总书记在党的十九大闭幕后不久,专门对纠正"四风"问题作出重要指示,有何深意?对于在新起点上推进作风建设,推动全面从严治党向纵深发展有什么意义?

答:党的十九大对作风建设作出了新部署,十九届中共中央政治局首次会议就审议了《中共中央政治局贯彻落实中央八项规定的实施细则》,近日习近平总书记再次专门对纠正"四风"问题作出重要指示,这些都充分体现了以习近平同志为核心的党中央对党的十九大后持之以恒正风肃纪的坚强决心,要求全党继续保持强大政治定力和战略定力,纠正"四风"、改进作风没有间歇期、没有休止符!

习近平总书记的重要指示精神,是在新起点上的再部署、再出发,是深化作风建设的动员令,是我们今后一段时期驰而不息纠正"四风"的重要遵循。要深刻理解和领会习近平总书记重要指示精神,提高政治站位和政治觉悟,坚决捍卫来之不易的作风建设成果,一刻不能松、半步不能退,绝不让享乐主义和奢靡之风卷土重来,绝不让特权思想和特权现象盛行。要发扬钉钉子精神,一锤接着一锤敲,一个节点一个节点坚守,一个问题一个问题解决,不松劲、不停步、再出发,一刻不停歇地推动作风建设向纵深发展，将这张亮丽名片越擦越亮。

问：经过五年整治，"四风"问题中，享乐主义、奢靡之风基本刹住，形式主义、官僚主义一定程度上仍然存在，目前"四风"问题还有哪些新表现新动向？

答：奢靡享乐歪风在高压之下出现一些新动向新表现，其中比较突出的就是改头换面、潜入地下的隐形变异。比如：违规公款吃喝转入内部食堂、培训中心、农家乐等隐蔽场所，或接受私营企业在高档小区内安排的"一桌餐"；有的在费用报销上做手脚，将大额消费拆分成多个小额发票报销，或长期在饭店挂账，待"风头"过后一起结账。公款旅游打着单位集体活动、职工疗养休养等"幌子"，公务出国扎堆热点国家，借公务之机游山玩水，变更行程绕道绕远，或由下属单位、相关利益单位、管理服务对象支付旅游费用。收送礼品、礼金避开敏感时间节点搞"错峰送礼"，还通过电子礼品卡、电子红包、快递等隐蔽方式进行。通过违规借用下属单位或企业车辆等方式使用公务用车，甚至变"公车私用"为"私车公养"。婚丧喜庆事宜化整为零分批操办、异地操办、变换身份操办，或只收礼金不办酒席。

同时，形式主义、官僚主义在一定程度上仍然存在，在一些地方和单位问题还比较突出，主要有10种表现：一是在贯彻落实方面，有的领导干部对贯彻落实中央重大决策部署表态多调门高，但行动少落实差，虚多实少，仅仅满足于"轮流圈阅""层层转发""安排部署"，个别领导干部说一套做一套，我行我素。二是在调查研究方面，有的单位搞形式、走过场，像打造旅游线路一样打造"经典调研线路"，无论什么调研主题，去的是同一条路线、访的是同一批对象、听的是同一套说辞，搞"大伙演、领导看"的走秀式调研。三是在服务群众方面，有的单位表面上推进服务型政府建设，"门好进、脸好看"，但还是"事难办"，将过去的"管卡压"变成了现在的"推绕拖"；有的政务服务热线电话长期无人接听；有的政府网站更新的内容主要是领导活动，政务公开、便民服务等栏目几乎成为僵尸栏目。四是在项目建设方面，一些地方热衷于打造领导"可视范围"内的项目工程，而不考虑客观实际，"不怕群众不满意，就怕领导不注意""奖状一屋子，工作还是老样子"。五是在召开会议方面，一些地方无论什么会议都要层层重复开，一个接一个，检查评比走马灯，导致干部疲于应付，没有时间抓落实。六是在改进文风方面，有的地方写文件、制文件机械照搬照抄，出台制度规定"依葫芦画瓢"，内容不是来自调查研究，而是源自抄袭拼凑。七是在责任担当方面，有的领导干部"只求不出事，宁愿不做事"，凡事都要上级拍板，避免自己担责，甚至层层往上报、层层不表态。八是在工作实效方面，有的地方对工作不重实效重包装，把精力都放在"材料美化"上，一项工作刚开始就急于总结成绩、宣传典型，搞"材料出政绩"。九是在履行职责方面，有的部门热衷于与下属单位签订"责任状"，将责任下移，试图让下级的"责任状"成为自己的"免责单"。十是在对待问题方面，有的党员干部对身边不良风气和违规问题态度漠然，事不关己、高高挂起，知情不报、听之任之，甚至在组织向其了解情况时仍不说真话。这些问题，正如习近平总书记所指出的，"看似新表现，实则老问题"，必须要下大力气加以整治。

问：习近平总书记重要指示中深刻指出"四风"问题具有"顽固性反复性"，应该如何理解？

答：2014年1月，习近平总书记明确指出："作风问题具有顽固性和反复性，形成优良作风不可能一劳永逸，克服不良作风也不可能一蹴而就。"习近平总书记这一重要论断，促进全党形成了驰而不息正风肃纪，对"四风"问题紧咬不放、紧盯不松的政治品格。

近日习近平总书记再次强调"四风"问题具有顽固性反复性，为全党再次敲响警钟。"四风"问题由来已久、成因复杂，而且受到历史文化、传统观念、社会习俗等因素影响，不是一朝一夕就能彻底解决，也不可能一劳永逸。必须警钟长鸣，久久为功。从纪检监察机关今年查处"四风"问题情况看，2017年1月至10月全国共查处违反中央八项规定精神问题3.78万起，其中，违纪行为发生在2017年的仍有9600多起，占当年查处总量的25.5%，这说明不收敛不收手的现象仍然存在，顶风违纪行为还有增量，印证了"四风"问题具有顽固性和反复性的判断，说明整治"四风"问题必须持续加大力度，以永远在路上的恒心和韧劲，不断把螺丝拧得更紧，工作做得更实，才能打赢作风建设的攻坚战、持久战。

问：习近平总书记提出要"抓住主要矛盾"，特别要针对表态多调门高、行动少落实差等突出问题，应怎样加强整改？要向哪些方面、哪些领域聚焦发力？

答：形式主义、官僚主义问题涉及面广，在很多领域存在，也有很多表现形式。当前全党全国正在掀起学习贯彻党的十九大精神热潮，在这个关键时期，必须抓住主要矛盾，把习近平总书记指出的表态多调门高、行动少落实差等突出问题作为治理重点，综合施策，以重点问题的突破带动整体工作推进。

一是强化理想信念教育。作风问题本质上是党性问题。要采取多种方式，教育引导广大党员加强党性修养，进一步坚定理想信念，提高落实中央八项规定精神的思想自觉和行动自觉。把中央八项规定和新修订的实施细则精神作为即将开展的"不忘初心、牢记使命"主题教育中的重要内容，引导党员干部通过进一步树立"四个意识"，增强"四个自信"，筑牢抵制歪风邪气的思想根基。

二是强化主体责任落实。解决形式主义、官僚主义问题的主体责任在各级党组织及其主要负责人。各级主要负责同志要身先士卒，以身作则，发挥党组织牵头抓总作用，通过层层压实主体责任，认真查摆本地区本部门本单位存在的形式主义、官僚主义主要表现、突出问题和成因，拿出见人见事的过硬措施，一步一步地扎实整改。要充分发挥职能部门作用，督促其强化监管、健全制度，及时发现和纠正突出问题，形成齐抓共管的工作合力。

三是从具体问题抓起。要聚焦习近平总书记在重要指示中指出的10个方面形式主义、官僚主义具体表现，特别是表态多调门高、行动少落实差等突出问题，以此为突破口和切入点，紧抓不放、一抓到底，以点带面，用小切口推动大变局。当前重点是要聚焦贯彻落实党的十九大精神和党中央重大决策部署，打好防范化解重大风险、精准脱贫、污染防治的攻坚战，保障和改善民生水平等方面工作中存在的形式主义、官僚主义问题，着力整治、抓出成效。

四是严格监督执纪问责。坚持把纪律和规矩挺在前面，综合运用监督执纪"四种形态"，特别是要充分用好用足"第一种形态"，对热衷于搞形式主义、官僚主义的党员干部及时"红脸出汗""咬耳扯袖"，该提醒的提醒，该批评的批评，该诫勉的诫勉，防止小问题造成大影响。对确实构成违纪、需要追究党纪政纪责任的党员干部，运用"第二种形态"或"第三种形态"，该调整岗位的调整岗位，该免职的免职，该处分的处分，既追究直接责任人的责任，又追究有关领导的责任，并点名道姓通报曝光，以严肃问责倒逼党员干部转作风改作风。

问：如何通过抓"关键少数"，让各级领导干部进一步带头转变作风，身体力行、以上率下，形成"头雁效应"？

答：风成于上，俗化于下。抓作风建设，关键在党员领导干部。一方面，从中央和国家机关的党员干部抓起。中央和国家机关是国家治理体系的中枢，地位重要，影响面广，中央和国家机关领导干部的"头雁效应"更加明显。反对形式主义、官僚主义的"第一刀"，先从中央和国家机关切起，从中央和国家机关学习贯彻党的十九大精神和文件印发、会议召开、政务公开、审批监管、调查研究等工作的实效入手，扎扎实实地抓、认认真真地改，以优良作风层层带动各级党政机关和党员干部转作风改作风。

另一方面，从各级党组织主要负责人抓起。党组织主要负责人是头雁，是"关键少数"中的"关键少数"，其作风是一个地方或单位领导班子成员乃至全体党员干部作风的风向标。必须紧紧盯住各级党组织主要负责人，督促其树立优良作风，以上率下，以"关键少数"的自我革命带动"大多数"党员干部的作风转变。

问：中央纪委机关自身在贯彻落实习近平总书记重要指示精神，纠正形式主义和官僚主义方面，准备采取哪些举措？

答：党的十八大以来，中央纪委机关坚决落实中央八项规定精神、驰而不息纠正"四风"，享乐主义、奢靡之风明显减少，但形式主义、官僚主义问题仍然不同程度存在。比如，有的基层党组织理论学习和工作实践存在脱节，向下级单位要材料过多过急，调研中走基层蹲下去摸实情少等问题仍然存在，还有一些同志对联系地区和部门同志口大气粗甚至居高临下。对这些问题，必须予以认真解决。

中央纪委作为党内监督最高专责机关，打铁必须自身硬，在整治"四风"问题上应站位更高、标准更严、行动更自觉，确保以扎实的作风推进全面从严治党，深入抓好中央八项规定精神的贯彻落实，做好正风反腐工作。要首先联系职责把自己摆进去，率先垂范，带头查找自身存在的短板与不足，带头整改落实。在"两学一做"学习教育常态化制度化和"不忘初心、牢记使命"主题教育中，从学风、文风等细节抓起，以好的作风确保好的效果。要结合工作实际，聚焦突出问题，带动机关作风整体转变。通过提醒警示、批评教育、诫勉谈话等手段传导压力，使机关干部受到严格的日常监督。对热衷于搞形式主义和官僚主义、造成严重后果和不良影响的机关干部，严肃处理、绝不姑息。（新华社记者 吴晶 朱基钗）

来源：中国纪检监察报，2017年12月12日

4. 整治"四风"必须从严治吏

领导干部带着问题把自己摆进去,打开大门听取意见,是坚持党要管党、从严治党,严肃党内政治生活的重要措施。为此,目前各地党组织都在采取有效形式认真听取群众意见,下气力排查"四风"问题。

从严治党重要的是从严治吏。近期,伴随制度性廉政建设步伐的坚定迈进,依照党纪国法对个别"四风"问题严重、贪腐行径恶劣的领导干部严肃处置,引起社会舆论普遍关注。这从一个侧面说明,从严治党必须落实到对领导干部的严格要求、严格管理、严格监督上;同时,也说明病因不寻,病灶不除,病根难断,长此以往就有"病入膏肓"的危险。

"四风"问题带有一定普遍性,但具体到一个地区表现则不尽相同,因此严肃党内政治生活就是查找病因的"望闻问切",就是对症下药的祛病"处方"。相反,个别地方和单位党内生活庸俗化、同志关系功利化,有的不愿批评、不敢批评,当"老好人";有的奉行"明哲保身"处世哲学,只栽花、不栽刺;有的在重大是非面前不开口、遇到矛盾问题绕道走。照此发展下去,批评和自我批评这个"利器"就有被丢掉的危险,不良倾向就会滋长蔓延。对这种现象,不以从严治吏的态度来治理能行吗?绝对不行。

从严治吏,就要把脉病情寻药方。在整治"四风"问题上,领导干部应当具备"刮骨疗毒"的勇气,让群众看到自己正视和解决问题的决心,认真剖析作风不正、工作不实、行为不廉等方面的问题,分析研究加强作风建设的措施和制度规定。做到这些，关键要放下包袱、端正心态，彻底打消讳疾忌医的顾虑，真正把为民务实清廉挂在心头。

从严治吏不仅需要勇气和胆识，还需要科学方法，这就是"病万变药亦万变"，因人而异、科学施治。目前，一些地方开门搞活动，坚持标本兼治，取得了初步成效。人们期待，各级领导干部从自身做起、从现在做起，从群众感受最直观、反映最强烈的问题改起，真正对作风之弊、行为之垢来一次大排查、大检修、大扫除。

从严治吏必须长期坚持。"四风"是作风问题的集中表现，也是从严治党必须祛除的毒素。一些地方的实践说明，整治"四风"既要着力纠正面上的问题，又要从理想信念、工作程序、体制机制等方面加以抑制。对于群众反映强烈的突出问题，还要划"红线"、标"雷区"、设"高压线"，确保党员领导干部时刻置身社会和群众的监督之下，远离各种病毒的侵袭。这些工作必须长期坚持下去，方能真正收到良好效果。（记者侯严峰）

新华网北京 9 月 13 日电

> ★ 延伸阅读

驰而不息纠正"四风"

纠正"四风"不能止步,作风建设永远在路上。近日,习近平总书记就新华社一篇《形式主义、官僚主义新表现值得警惕》的文章作出重要指示,对各地各部门和各级领导干部继续加强作风建设提出明确要求。这一重要指示一针见血、切中时弊,充分表明以习近平同志为核心的党中央坚定不移全面从严治党、持之以恒正风肃纪的鲜明态度和坚定决心,向全党发出了驰而不息纠正"四风"、改进作风的行动号令。

党的十八大以来,以中央出台八项规定为肇始,全党上下纠正"四风"取得重大成效。但也应清醒看到,"四风"问题依然树倒根存,尤其是形式主义、官僚主义现象不可忽视。无论是"调研现场成秀场"、"脸好看事难办",还是"以会议落实会议"、大搞"材料政绩",种种情况看似新表现,实则老问题,充分说明"四风"问题具有顽固性反复性。从媒体的报道来看,问题同样值得注意。一些地方的扶贫考核过于频繁,让基层干部疲于应付;有的地方年终检查评比泛滥,加重基层负担;有的干部在推进工作过程中作风简单粗暴,处理问题存在"一刀切""一阵风",造成工作上的被动;有的干部注重打造领导"可视范围"内的项目工程,热衷造"盆景"、树"样板"。现实警示我们,纠正"四风"切不可有喘口气、歇歇脚的想法,必须以永远在路上的坚韧锲而不舍抓下去、抓到底。

推进作风建设,突出问题导向是关键。转变作风,主要不是看开了多少会、作了多少表态、发了多少文件,而要看解决了多少实际问题。中央的决策部署是否真正落实了?群众反映强烈的问题是否切实解决了？损害群众利益的行为是否坚决纠正了？各地区各部门都要揽镜自照，查摆表现，寻找差距，认真查找"四风"突出问题特别是形式主义、官僚主义的新表现，抓住主要矛盾立行立改。特别要针对表态多调门高、行动少落实差等突出问题，拿出过硬措施，扎扎实实地改。既要发现和查处个案，又要形成科学有效的制度，既要紧盯元旦、春节等时间节点，又要在平时抓早、抓小、抓细，坚决防止不良风气反弹回潮，不断巩固和拓展落实中央八项规定精神的成果，把作风建设引向深入。

推进作风建设，必须始终坚持以人民为中心，高度重视群众的感受和评价，不断增强群众观念和群众感情。现实中，一些干部"不怕群众不满意，就怕领导不注意"，对群众疾苦态度漠然、听之任之，习惯当"甩手掌柜"。反思"四风"问题，宗旨意识淡薄、心中没有人民是重要思想根源。改进作风，就要把人民放在心中最高位置，从群众最不满意的地方改起，从群众最关切的地方抓起，以实打实、心贴心的举措造福于民，以看得见、摸得着的变化取信于民。只有群众认可了、满意了，党群、干群关系拉近了，作风建设才是真正见成效、得人心。

群雁高飞头雁领。党的十八大以来，作风建设之所以成效显著，一个重要经验就是坚持以上率下，尤其是以习近平同志为核心的党中央以身作则、率先垂范，为全党树立了榜样和标杆。"善禁者，先禁其身而后人。"深入推进作风建设，要求各级领导干部带头转变作风，从我做起、身体力行，带头抵制歪风邪气，带头弘扬清风正气，形成"头雁效应"，不断激发正风肃纪的正能量。在即将开展的"不忘初心、牢记使命"主题教育中，领导干部更应树立从严从实的导向，力戒形式主义，以好的作风确保好的效果。

新时代要有新气象，更要有新作为。坚持不懈推进作风建设，坚定不移全面从严治党，广大党员、干部必将以良好作风凝心聚力，以奋斗姿态干事创业，不断在新征程上夺取新胜利、续写新篇章。

新华社北京 12 月 11 日电

第四章
全面从严治党再出发

1. 夺取反腐败斗争压倒性胜利的决心必须坚如磐石
——全面从严治党再出发系列综述之一

2017年,在以习近平同志为核心的党中央坚强领导下,各级纪检监察机关认真学习贯彻党的十九大精神,落实十八届中央纪委七次全会决策部署,忠诚履行党章赋予的监督执纪问责职责,反腐力度不减重拳频出,正风肃纪驰而不息,推动全面从严治党向纵深发展,党心民心为之一振,党风政风为之一新。

反腐败斗争压倒性态势进一步巩固发展

2018年1月4日,中央纪委发布消息,山东省副省长季缃绮涉嫌严重违纪接受组织审查。这是党的十九大后,继2017年11月21日中宣部原副部长鲁炜、11月23日辽宁省原副省长刘强、12月12日河北省人大常委会副主任张杰辉、2018年1月3日陕西省副省长冯新柱"落马"后,第五个被审查的中管干部。

十九大后,打虎拍蝇力度不减,全面从严治党驰而不息,充分彰显了党中央巩固压倒性态势、夺取压倒性胜利坚如磐石的决心。

根据中央纪委网站通报,2017年以来至少18名中管干部接受组织审查,近40名中管干部受到党纪处分,各地区各部门也查处了一批在本地区本部门有影响的严重违纪案件,严肃惩处"关键少数"违纪问题;

中央巡视组2017年对29所中管高校党委开展专项巡视,对4个

省区开展"回头看",对4个单位开展"机动式"巡视,巡视利剑作用进一步彰显;

2017年1月至11月,全国共查处违反中央八项规定精神问题4.34万起,处理人数6.1万人,作风建设永远在路上,决不让"四风"反弹回潮;

对民政部原党组书记、分管副部长、派驻纪检组组长管党治党不力,司法部原党组书记在干部工作中严重失察等问题进行严肃问责,释放出有责必问、问责必严的强烈信号。

聚焦基层着力整治群众身边腐败和作风问题

侵吞群众拆迁补偿款、套取民政救济款、侵占扶贫资金……2017年12月7日,中央纪委监察部网站发布月报,对各级纪检监察机关查处的52起侵害群众利益的不正之风和腐败问题进行点名通报,持续发挥教育、警示和震慑作用。

2017年以来,中央纪委和各级纪检监察机关以强化扶贫领域监督执纪问责为重点,加大整治群众身边腐败和作风问题力度,细化措施、压实责任,推动全面从严治党向基层延伸。

据统计,2017年1月至12月,全国查处群众身边腐败和作风问题12.21万个,处理15.91万人,其中,涉及扶贫领域腐败和作风问题4.87万个,处理6.45万人,对基层党委、纪委落实"两个责任"不力、扶贫领域违纪问题频发多发,以及有关职能部门监管职责不到位的,均严肃追究责任。

2017年,中央纪委共分三批公开通报了26起扶贫领域腐败和作风问题典型案例,曝光了9起群众身边腐败和作风问题,并通过中央纪委网站每月集中曝光各省区市纪委上报的群众身边腐败和作风问题共670起。通报曝光、加强督查、形成震慑,让全面从严治党责任打通基层"最后一公里"。

民意调查显示,人民群众对党风廉政建设和反腐败工作的满意度由 2012 年的 75% 增长至 2017 年的 93.9%,提高 18.9 个百分点,进一步提振了党心民心。

深化国际合作提高国际追逃追赃能力和成效

2017 年 12 月 6 日,在中央反腐败协调小组国际追逃追赃工作办公室统筹协调下,经中央有关部门和云南省追逃办、省公安厅扎实工作,"百名红通人员"第 28 号李文革回国投案。截至目前,全国"百名红通人员"已到案 51 人。

2017 年是反腐败国际追逃追赃工作全面深化之年。在党中央的坚强领导和中央反腐败协调小组的直接指挥下,中央追逃办加强统筹协调,各地区各部门积极行动、密切协作。2017 年以来,共追回外逃人员 1300 名,其中党员和国家工作人员 347 人,包括"百名红通人员"14 名,追赃金额 9.8 亿元人民币,交出了亮丽的成绩单,追逃追赃工作取得了政治、外交、反腐、社会综合效应。

织密国际执法合作网络,与英国等 20 多个国家反腐败和执法部门就追逃追赃工作开展交流与合作,50 多次与外国执法部门磋商重点案件,积极搭建多层次合作平台。加强日常监督管理,扎紧防逃篱笆,严厉打击利用地下钱庄和离岸公司转移赃款。

下一步,国际追逃追赃工作力度不减,将进一步着力构建科学完备的体制机制,让已经外逃的无处藏身,让企图外逃的丢掉幻想,让境外不能成为法外。(新华社记者 姜潇)

新华社北京 1 月 7 日电

2. 深化监察体制改革 向着全覆盖迈进
—— 全面从严治党再出发系列综述之二

能否实现党的自我净化、自我完善、自我革新、自我提高,关乎党和国家的前途命运。其中,深化国家监察体制改革正是事关全局的重大政治体制改革。

党的十九大作出了深化国家监察体制改革、将试点工作在全国推开的战略部署。各试点地区和有关单位坚决贯彻党的十九大精神,以习近平新时代中国特色社会主义思想为指导,牢固树立"四个意识",坚定"四个自信",全面推开国家监察体制改革试点工作,推动改革试点工作取得阶段性成果。

把握全局 掌舵领航

事在四方,要在中央。以习近平同志为核心的党中央高度重视深化国家监察体制改革。习近平总书记先后6次主持召开中央政治局会议、中央政治局常委会会议、中央全面深化改革领导小组会议,研究审议深化国家监察体制改革和试点工作方案。习近平总书记在党的十八届六中、七中全会和十八届中央纪委七次全会上,对深化国家监察体制改革作出重要指示,为全面推开国家监察体制改革试点工作指明了前进方向,提供了根本遵循。

2017年10月,在北京、山西、浙江三地先行开展监察体制改革试点工作的基础上,中共中央办公厅印发了《关于在全国各地推开国家监察体制改革试点方案》的通知。随后，十二届全国人大常委会第三十次会议审议通过关于在全国各地推开国家监察体制改革试点工作的决定，为试点工作提供法治保障。从此，国家监察体制改革试点工作走上快车道、迈向新征程。

改革千头万绪，首在牵头抓总。中央深化国家监察体制改革试点工作领导小组切实加强对试点工作的指导、协调和服务。中央纪委发挥牵头抓总作用，按照党中央要求和领导小组部署，聚焦关键环节，突出工作重点，抓好改革试点组织实施和任务落实。中央纪委有关领导同志先后分赴联系省（区、市），采取实地调研、检查基础台账、召开座谈会等多种形式，深入了解改革试点进展情况，现场提出有针对性的指导意见，推动改革工作不断走向深入。

人大、组织、政法、编制、检察等各有关单位认真贯彻落实党中央要求，既各司其职、各负其责，又服务大局、紧密配合，凝聚改革共识，形成改革合力，推动做好相关工作。

抓住关键环节 积极稳妥推进

深化国家监察体制改革，目标是加强党对反腐败工作的统一领导，构建集中统一、权威高效的监察体系，实现对所有行使公权力的公职人员监察全覆盖，使依规治党与依法治国、党内监督与国家监督、党的纪律检查与国家监察有机统一。当前，各试点地区和有关单位按照中央部署要求，在做细做实上下功夫，积极稳妥推进转隶组建挂牌工作。

——转隶数据清晰明确。各地集中精力抓好职能划转、机构设置和人员转隶，强化前期调研摸底，将机构编制底数、转隶人员底数、思想动态底数切实弄清，做到了人员编制必清、机构设置必清、问题线索必清。

——过渡期衔接平稳顺畅。各地按照"老事老办法、新事新办法"的原则，扎实做好问题线索移交，稳妥做好新老业务衔接，强化工作流程磨合和人员融合，做到了工作不空档、不断线。各地普遍建立组织、职能、人员编制、查办案件、问题线索、法规政策、资产设备、转隶问题、工作流程等"清单"，为转隶工作理清了脉络、做足了准备。

——干部队伍有机融合。各地注重思想建设，强化教育引导，严明政治纪律，做深做细思想工作，最大程度凝聚改革共识，确保思想不乱、队伍不散、工作不断。各地还组织开展对转隶人员和纪检监察干部的业务培训，既加强政治理论和纪律检查业务的学习，又加强相关法律学习，培养政治上忠诚干净担当、业务上既精通党章党规党纪又熟悉宪法法律法规的纪检监察干部。

细致耐心的工作，让转隶工作在平稳中顺利推进。正如有的转隶人员所说，监察体制改革，改变的是隶属关系，不变的是为民情怀；改变的是工作单位和岗位，不变的是忠诚履职的使命和担当。

"施工"进入高峰期 监察迈向全覆盖

2017年12月10日，安徽省首家监委五河县监委"诞生"；12月25日，我国纬度最高的黑龙江省漠河县监委揭牌；12月29日，广东省首家监委广州市海珠区监委挂牌……随着多地监委成立，监察体制改革"施工"进入高峰期。

中央纪委监察部网站公布的信息显示，目前，全国各省区市正进入监察体制改革"快车道"，抓紧审议通过改革方案，扎实推进人员转隶、机构设置、制度建设等各项工作，一些地方人大换届较早的地区已陆续组建成立监委。

在全国改革试点全速推进的同时，北京、山西、浙江作为先行试点地区，圆满完成试点任务，实现对所有行使公权力的公职人员监察全覆盖，反腐铁拳威力初显。

数据显示，北京市2017年1月至12月中旬运用监督执纪"四种形态"处理8686人次，同比增长51.8%，追回在逃人员31名，是

2016年的2倍；浙江省2017年1月至10月处置问题线索数同比上升77.1%，立案数同比上升0.9%，处分数同比上升8.8%；山西省2017年4月至10月谈话函询件次同比增长20.1%，纪律处分和组织处理人数同比增长38.2%。

蓝图已绘，征程再启。随着监察体制改革走向深入，我们党将实现对所有行使公权力的公职人员监察全覆盖，向着夺取反腐败斗争压倒性胜利的目标不断迈进。（新华社记者林晖）

新华社北京1月8日电

3. 咬定青山不放松　将作风建设进行到底

——全面从严治党再出发系列综述之三

作风问题，关系人心向背，关系党的生死存亡。

五年前，中央政治局出台八项规定，全面从严治党由此破题。作风建设以激浊扬清之势涤荡神州，破党内痼疾顽症，党风政风为之一新。

党的十九大对持之以恒正风肃纪作出新部署，全面净化党内政治生态，坚决纠正各种不正之风。近期习近平总书记作出重要指示，强调纠正"四风"不能止步，作风建设永远在路上。

紧盯年节　狠抓突出问题不松懈

2018年元旦，党的十九大后第一个重要节点。行走于街市商场，"天价"节礼已难寻踪迹。过节看不到大吃大喝的豪华宴席，多半是一家人、三两好友小聚，节日气氛更浓更淳。

作风之变，常起于毫末之间。节日风清气正，是人民身边可知可感的变化。人民群众反映强烈的问题，始终是作风建设的重点。

遏制"舌尖上的浪费"、刹住"会所中的歪风"、停下"车轮上的铺张"、整顿"节日里的腐败"……党的十八大以来，各级纪检监察机关坚持问题导向，抓早抓小，从公款吃喝旅游、大办婚丧喜庆等具体问题抓起，深入治理高档小区"一桌餐"、调研考察搭车旅游等隐形变异"四风"问题。

每逢年节假期，预防与监督并举。各级纪检监察机关运用多种形式发信号，划出"高压线"，打好"预防针"。2017年，建立国庆、中秋"两节"和党的十九大会议期间"四风"问题值班、报告和督办制度，对收到的"四风"问题线索，实行"一竿子插到底"，由中央纪委党风政风监督室直接进行督办。

数据是最有力的证明。中央八项规定实施以来，截至2017年11月，全国共查处违规公款吃喝、送礼、旅游（国内）三类突出问题共计4.76万起。违纪发生数量从2013年、2014年的共3.22万起，下降至2017年的1900多起，总体呈逐年大幅下降趋势，基本刹住面上享乐主义和奢靡之风问题。

正人先正己　做到打铁必须自身硬

党的十八大以来，习近平总书记从自身做起、率先垂范，带头执行八项规定，为全党树典范。中央纪委要求各级纪检监察机关带头把自己摆进去，首先查找自身存在问题，做到打铁必须自身硬。

正人必先正己，身不先则无以为信。

——湖北取消对湖北市州纪委工作绩效年终考评和优胜单位评选表彰活动，减轻迎检形式主义负担，推动基层集中精力干工作、抓落实；

——江西纪检监察部门建立领导干部家访制度，将监督触角从"工作圈"拓展到"生活圈"，通过家访、约访、回访，培育纪检干部廉洁家风；

各级纪检监察机关认真对照习近平总书记指出的10种形式主义、官僚主义具体表现，特别是表态多调门高、行动少落实差等突出问题，自行检查、扎实整改；综合运用监督执纪"四种形态"，对热衷于搞形式主义、官僚主义的党员干部及时"红脸出汗""咬耳扯袖"，对确实构成违纪且造成不良影响或严重后果的严肃追责。

动辄则咎　执纪愈严曝光更频

在中央纪委监察部网站上,"'四风'曝光台"一栏严肃而醒目。

2017年,以中央纪委名义通报曝光7批共47起违反中央八项规定精神典型问题;对2016年以后发生违反中央八项规定精神行为受到党政纪处分的,不论职务高低,原则上都点名道姓通报或曝光。

警钟长鸣,震慑常在。

各级纪检监察机关把查处违反中央八项规定精神问题作为纪律审查的重点,尤其对十八大以来不收手、不知止的,一律从严查处;紧盯隐形变异"四风"问题现象,对执纪审查对象的"四风"问题优先查处和通报。

与此同时,不断加大问责力度,突出"一案双查",倒逼各级党组织和领导干部落实主体责任和监督责任。2017年1月至11月,全国因违反中央八项规定精神问题被问责的领导干部共7700余人。

种种信号表明:越往后执纪越严。对查处的典型问题,点名道姓通报曝光,在全国范围形成了"四风"露头人人喊打的高压氛围。

层层深入　立规明矩织密制度之笼

2017年10月27日,党的十九大闭幕后第3天,新一届中央政治局首次召开会议就审议了一份重要文件——《中共中央政治局贯彻落实中央八项规定实施细则》,再次向全党全社会释放出强烈信号,作风建设永远在路上。

作风建设,不是也不能是一阵风,它是中国共产党对人民作出的庄严承诺。唯有扎紧织密制度之笼,方能为作风建设层层深入提供根本保障。

立规明矩,为党员干部划出行为边界,为纪检监察提供执纪依据。党中央注重顶层设计,围绕落实中央八项规定精神,制定出台了《党政机关厉行节约反对浪费条例》等重要党内法规。注重制度的细化配套，面向全国出台完善了公务接待、办公用房、因公出国等方面的具体规定；各地区各部门普遍结合自身实际制定了贯彻落实中央八项规定精神的实施办法、细则及配套制度。

数据显示，截至2017年9月底，全国已有11个省区市、97个中央和国家机关、73个中央企业和金融企业对党委（党组）贯彻落实中央八项规定精神的实施办法进行了修订完善。

一系列立足根本、着眼长远的制度举措，不断推动作风建设标本兼治。然而，作风问题具有顽固性反复性，作风建设如逆水行舟，容不得一篙松劲退千寻。

党的十九大再次强调作风建设永远在路上，作出了一刻不能松、半步不能退的新部署。面对"四风"新问题、新变种，要以"咬定青山不放松"的信念，让中央八项规定精神成风化俗、渐成习惯，定能实现清气满乾坤。（新华社 荣启涵）

新华社北京1月9日电

4. 以铁律锤炼打铁人　建设忠诚干净担当队伍
——全面从严治党再出发系列综述之四

谁来监督纪委，做到打铁者自身硬？怎样防范"灯下黑"，对监督执纪权力进行规范？

这些，都是社会普遍关切的问题，也是各级纪委必须回答的问题。

对自己动刀，肃清害群之马；补精神之钙，理论武装头脑；扎制度之笼，立规自我约束。广大纪检监察干部履行承诺，全面从严治党首先把自己摆进去，正人先正己。

踏上新时代，开启新征程。纪检监察系统正坚持不懈推进作风建设，以永不懈怠的精神状态和一往无前的奋斗姿态，不断在新征程上夺取新胜利、续写新篇章。

肃清害群之马，德才兼备选人用人

2017年3月，中央纪委驻国家民委纪检组原组长曲淑辉因严重失职失责问题被立案审查；

2017年4月，中央巡视组原副部级巡视专员张化为因严重违纪被立案审查；

2017年8月，中央纪委驻财政部纪检组原组长莫建成涉嫌严重违纪，接受组织审查……

不管涉及到谁，不管职位多高，只要触犯党纪国法，都要坚决将其清除出纪检监察队伍。

十八大以来的五年，中央纪委机关立案查处机关干部 22 人，组织调整 24 人，谈话函询 232 人；全国纪检系统处分 1 万余人，组织处理 7600 余人，谈话函询 1.1 万人。

在被查处的案件中，既有中央纪委机关干部，又有中央纪委派驻纪检组干部；既有在职干部，又有退休干部；既有严重违纪违法的，又有履行全面从严治党监督责任失职失责的，释放出加强纪委自我监督一刻不松、半步不退的鲜明态度，树立了鲜明政治导向，发挥了强有力震慑作用。

守林护林"啄木鸟"队伍更可信赖。在清除队伍腐败分子的同时，也在选优配强干部队伍。

五湖四海、任人唯贤。全国纪检监察系统拓宽选人用人视野，提名考察德才兼备的优秀干部，选优配强领导班子。加大干部轮岗交流力度。十八大以来，中央纪委机关、派驻纪检组干部交流 1314 人次，纪检监察队伍精神风貌、能力素质明显提升。

补足精神之钙，学思践悟提高本领

2017 年 1 月，一部专题片引发了舆论热议。

在这部名为《打铁还需自身硬》的专题片中，原本立下规矩不收人钱物的金道铭最终却收受他人财物高达 1.23 亿元；辽宁贿选案中，辽宁省纪委监督责任缺失，时任省纪委书记王俊莲缺乏担当而被问责。

而片中陈丽华、李泉新等不怕"为官伤亲"、不怕得罪人的纪检干部，深受群众爱戴，在与贪污腐败和歪风邪气作斗争的过程中，不仅始终廉洁自律，更大胆作为、勇于担当。

对纪检监察干部而言，专题片中的人和事都是身边人、身边事。影片的制作和播出，是纪检监察系统"以案说纪""以案代训"的生动体现。

理想信念就是共产党人精神上的"钙"，没有理想信念，理想信念不坚定，精神上就会"缺钙"，就会得"软骨病"。

建设忠诚、干净、担当的纪检监察队伍，离不开学习，离不开理想，离不开信念。

中共中央政治局常委、中央纪委书记赵乐际同志对纪检监察系统学习贯彻党的十九大精神高度重视，要求坚持原原本本学，联系实际学，深入思考学，学出更加坚定的信仰信念、更加强烈的责任担当、更加纯粹的忠诚和觉悟。中央纪委领导同志为机关党员讲党课，机关局处级干部定期接访，经常开展谈心家访，增强宗旨意识和群众工作本领。

全国纪检监察队伍聚焦学习习近平新时代中国特色社会主义思想和党的十九大精神，抓好政治培训和业务培训。十八大以来，共举办培训班1000余个，培训各级纪检监察干部17.8万余人，其中仅2017年就培训了4.1万余人次。

扎牢制度之笼，盯住险滩防腐拒变

2017年1月8日，十八届中央纪委七次全会通过了《中国共产党纪律检查机关监督执纪工作规则（试行）》，首次对纪委监督执纪工作的全流程、各环节作了明确规定。这是中央纪委履行承诺，全面从严治党首先把自己摆进去的重要举措，释放出正人先正己的强烈信号。

问题线索分类处置，严格审查时限，全程录音录像，执行回避制度，实行打听案情、过问案情、说情干预登记备案制度……规则吸取落马纪检干部的惨痛教训，瞄准权力运行中的风险点，体现了鲜明的问题导向。

"规则是纪检系统对曾经出现的经验教训的总结，从制度层面回答了'谁来监督纪委'的问题，完善内控机制，通过一种科学规范的制度设计，把监督执纪的权力也关进制度的笼子。"中央党校教授谢春涛指出：

前后衔接、左右联动、上下配套、系统集成，制度的笼子不仅越织越密，制度蕴含的力量也在源源不断地释放出来。

2017年前三季度，全国纪检监察机关运用监督执纪"四种形态"处理81.4万人次。其中，第一种形态批评教育、谈话函询47.3万人次，占"四种形态"处理总人次的58.1%；第二种形态纪律轻处分、组织调整26.1万人次，占32.1%；第三种形态纪律重处分、重大职务调整4.5万人次，占5.5%；第四种形态严重违纪涉嫌违法立案审查3.4万人次，占4.2%。监督执纪"四种形态"从理论走向实践，分类进行通报，更加细化、常态化。

"成人者必先自成"，各级纪委强化自我监督，自觉接受党内和社会监督，树起严格自律的标杆，成为一支知敬畏、存戒惧、守底线，让党放心、人民信赖的纪检干部队伍。（新华社记者 王琦）

新华社北京1月10日电

> 延伸阅读

全面从严治党再出发
——写在十九届中央纪委二次全会召开之际

"勇于自我革命,从严管党治党,是我们党最鲜明的品格,全面从严治党永远在路上""在新时代,我们党必须以党的自我革命来推动党领导人民进行的伟大社会革命"。

2018新年伊始,习近平总书记在学习贯彻党的十九大精神研讨班上发表重要讲话,提出一以贯之推进党的建设新的伟大工程的明确要求,发出了新时代全面从严治党再出发的动员令。

打铁必须自身硬——将全面从严治党这场自我革命进行到底

1月3日,中央纪委对外通报的一则扶贫领域问责案例,引发高度关注。

河北张家口市因扶贫领域违规违纪问题突出,包括市委书记、市长在内的11名领导干部被公开问责,蔚县、康保两县的县委书记、县纪委书记和一名县长均被免职。

此前不久,中央纪委印发通知,决定从2018年开始持续3年开展扶贫领域腐败和作风问题专项治理,直至2020年打赢脱贫攻坚战。

以作为肩负使命,用担当诠释忠诚。

贯彻落实党的十九大精神的开局之年,聚焦党和国家的重大任务,拿出管党治党的实招硬招,再次印证了习近平总书记在党的十九大报告中的铿锵话语——

第四章　全面从严治党再出发

"中国特色社会主义进入新时代，我们党一定要有新气象新作为。打铁必须自身硬。"

从"打铁还需自身硬"到"打铁必须自身硬"，一词之变，宣示的是更坚定的决心、更严格的标准、更强烈的担当。

办好中国的事情，关键在党。全面从严治党不仅是党长期执政的根本要求，也是实现中华民族伟大复兴的根本保证。

回顾极不平凡的五年，党的十九大报告用"成效卓著"四个字对全面从严治党的历史性成就作出高度评价，一个历经革命性锻造的强大政党，引领中国特色社会主义进入新时代。

全面从严治党再出发，已有更加清晰的战略布局。

党的十九大明确了新时代党的建设总要求，对全面从严治党进行新的战略部署——

将"坚持全面从严治党"作为习近平新时代中国特色社会主义思想的重要内容，作为新时代坚持和发展中国特色社会主义的14条基本方略之一；

首次提出"以党的政治建设为统领"，强调要把政治建设作为党的根本性建设；

将原有的"五大建设"调整扩充为"政治建设、思想建设、组织建设、作风建设、纪律建设，把制度建设贯穿其中，深入推进反腐败斗争"，形成了"5+1+1"的全新布局；

明确部署了持之以恒正风肃纪、夺取反腐败斗争压倒性胜利、健全党和国家监督体系等8个方面重点任务。

全面从严治党再出发，务求清醒冷静的形势判断。

党的十九大闭幕后不久，习近平总书记就新华社一篇《形式主义、官僚主义新表现值得警惕》的材料作出指示，针对形式主义、官僚主义的10种新表现，明确要求纠正"四风"不能止步，作风建设永远在路上。

2018年1月5日，面对新进中央委员会的委员、候补委员和省部级主要领导干部，习近平总书记再次谆谆告诫："影响党的先进性、弱化党的纯洁性的各种因素具有很强的危险性和破坏性。"同时对高级领导干部提出了信念过硬、政治过硬、责任过硬、能力过硬、作风过硬"五个过硬"的要求。

全面从严治党再出发，还需一以贯之的坚强定力。

2017年10月25日，十九届一中全会后，习近平总书记强调："全面从严治党永远在路上，不能有任何喘口气、歇歇脚的念头"，向海内外宣示一刻不松、半步不退的信心信念。

10月27日，十九届中央政治局第一次会议，审议通过了《中共中央政治局关于加强和维护党中央集中统一领导的若干规定》和《中共中央政治局贯彻落实中央八项规定实施细则》，管党治党再次从中央最高领导层立规明矩抓起。

10月31日，新一届中央政治局常委首次出京，就来到中共一大会址和嘉兴南湖，回顾建党历史，重温入党誓词，宣示坚定政治信念。

12月25日至26日，十九届中央政治局召开第一次民主生活会，进行自我检查、党性分析，开展批评和自我批评，为全党严肃党内政治生活树立起标杆。

百尺竿头，更进一步。

党的十九大以来，以习近平同志为核心的党中央一系列新举措新要求新部署，向世人充分表明了将全面从严治党这场刀刃向内的伟大自我革命进行到底的鲜明态度和坚定意志。

管党有力 治党有方——全面从严治党系统性创造性实效性不断增强

大地冰封，山野苍茫。2017年12月25日，中国最北端，耀眼的阳光驱散严寒，黑龙江省漠河县监察委员会正式挂牌成立。

这是深化国家监察体制改革进入"快车道"的缩影，也是全面从严治党系统性铺开、迈向纵深发展的写照。

5年多来,包括国家监察体制改革试点在内的一系列大刀阔斧的有力举措、有目共睹的巨大成就和难能可贵的深刻经验,写下了中国共产党自身建设史上浓墨重彩的一页。

"全面"体现系统性。这是绝无仅有的自我革新,不留死角、没有余地——

"你不必下班后还忙着应酬,一身酒气回家;你不必逢年过节想着给谁送礼、送什么;你可以有更多的时间看书跑步、陪陪家人"……在中央八项规定出台5年之际,一则中央纪委监察部网站推出的短视频,拨动了无数人的心弦。

这是人民发自内心的评判。

抓作风,徙木立信,久久为功。根据十八届中央纪委的工作报告,各级纪检监察机关5年共查处违反中央八项规定精神问题18.9万起。

抓制度,革故鼎新,立梁架柱。5年间修订颁布90多部党内法规,党内政治生活准则、党内监督条例、纪律处分条例、问责条例等为依规治党提供有力支撑。

抓思想,层层深入,环环相扣。党的群众路线教育实践活动、"三严三实"专题教育、"两学一做"学习教育……"补钙壮骨"、润物无声,思想政治建设延伸到所有基层党组织和全体党员。

"从严"彰显实效性。这是刀刃向内的宏大魄力,敢于亮剑、立行立改——

2017年8月30日,随着北京大学等中管高校巡视整改情况的全部公布,十八届中央巡视圆满收官,也标志着在党的历史上首次实现了一届任期内中央巡视全覆盖。

巡视,作为党内监督的战略性制度安排,5年磨砺已成为国之利器、党之利器。

发现问题、形成震慑,犹如探照灯、显微镜,十八届中央纪委执纪审查的案件中，超过60%的线索来自巡视；湖南衡阳破坏选举案、山西塌方式腐败等一系列大案要案，都在巡视中被揭开盖子。

五年亮剑，惊心动魄，力挽狂澜。

开启力度广度深度前所未有的反腐败斗争。5年立案审查省军级以上党员干部及其他中管干部440人，全国纪检监察机关共立案154.5万件，处分153.7万人。

掀起近年来强度最大的"问责风暴"。2014年1月至2017年8月，全国共有6100个单位党委（党组）、党总支、党支部，300余个纪委（纪检组），6万多名领导干部被问责。

"治党"胜在创造性。这是与时俱进的科学思维，标本兼治、创新见效——

2017年10月29日，党的十九大后中央纪委首次通报全国纪检监察机关纪律审查情况。

通报显示，2017年1月至9月，全国纪检监察机关运用监督执纪"四种形态"处理81.4万人次。其中，第一种形态占58.2%，第四种形态占4.2%。

按照"四种形态"的分类对纪律审查情况进行通报，这是2017年以来的新做法。

严惩不是目的，严管实为厚爱。把纪律挺在前面，实践运用"四种形态"，是全面从严治党不断创新方式方法的重要体现。

从自上而下立规开始，以作风建设为全面从严治党破题，到重拳反腐为全面从严治党破局，量变为质变赢得时间；从推动纪检监察体制改革，压实管党治党责任，到全面加强党内监督，推动巡视监督和派驻监督全覆盖；从抓"关键少数"，严明政治纪律和政治规矩，到严肃党内政治生活、净化党内政治生态、培育党内健康政治文化……

审视5年来全面从严治党步步深入推进的过程，从"怎么看"到"怎么办"，展现出强大的思想力量和严密的实践逻辑。在党的十九大上，

"全面从严治党"被写入了新修订的党章。

最新民意调查显示，人民群众对党风廉政建设和反腐败工作的满意度由 2012 年的 75% 增长至 2017 年的 93.9%，提高 18.9 个百分点。

管党有力、治党有方，全面从严治党取得的重大经验启示，开创了管党治党新境界，为在更高起点上推进全面从严治党向纵深发展奠定了坚实基础。

不松劲不停步再出发——以全面从严治党的更大胜利换得朗朗乾坤

开年第 3 天，"2018 年首虎"落马。

1 月 3 日，中央纪委发布消息，陕西省副省长冯新柱涉嫌严重违纪接受组织审查。仅仅一天之后，山东省副省长季缃绮又应声落马。

与此同时，随着 1 月 9 日中央军委联合参谋部原参谋长房峰辉被移送军事检察机关的消息公布，张阳、房峰辉两个"军中大老虎"的落马再次令人震撼。

不变的"打虎"节奏，高压的反腐态势，人们一次次深刻感受到以习近平同志为核心的党中央将反腐败斗争进行到底的坚强意志和坚定决心。

党的十九大再次发出了反腐败斗争的进军令，强调："当前，反腐败斗争形势依然严峻复杂，巩固压倒性态势、夺取压倒性胜利的决心必须坚如磐石。"

不松劲、不停步、再出发。

党的十九大以来短短 2 个多月时间，各级纪检监察机关全面贯彻落实党的十九大精神，按照坚持无禁区、全覆盖、零容忍，坚持重遏制、强高压、长震慑，坚持受贿行贿一起查的"三个坚持"精神，展现新气象、奋进新作为，交出一张亮丽的成绩单。

——"打虎"不停步。党的十九大闭幕后不到 1 个月，中宣部原副部长鲁炜接受组织审查。从鲁炜到季缃绮，党的十九大之后中央纪委执纪审查的中管干部已达5名。据统计,2个多月来,中央纪委监察部网站公布的落马中央一级党和国家机关、国企和金融单位干部和省管干部的数量已近百人。

——"正风"不松劲。党的十九大之后,中央纪委首次通报违反中央八项规定精神问题月报数据,查处问题4353起、处理人数6190人,击碎一些人对于作风建设松口气、歇歇脚的"幻想"。

——"猎狐"收"天网"。2017年11月7日,第49名"百名红通人员"贺俭归案,成为党的十九大后第一个到案的"百名红通人员"。目前"百名红通人员"已到案51人,超过半数,标志着追逃追赃工作取得重要阶段性成果。

——改革再出发。党的十九大闭幕不久,中央办公厅就印发《关于在全国各地推开国家监察体制改革试点方案》,监察体制改革"施工"正式进入高峰期,向着实现对所有行使公权力的公职人员监察全覆盖的目标不断迈进。

全面从严治党永远在路上,必须以更大的决心、更大的气力、更大的勇气抓紧抓好,必须把思路举措搞得更加科学、更加严密、更加有效。

十九届中央纪委二次全会召开前夕,中央政治局对2018年党风廉政建设和反腐败工作作出部署,提出要把全面从严治党长期坚持下去,将反腐败斗争进行到底,决不半途而废,再次吹响了全面从严治党的冲锋号角。

——在总体部署上,"以党的政治建设为统领,思想建党、纪律强党、制度治党同向发力,增强全面从严治党的系统性、创造性、实效性";

——在政治建设上,"严明政治纪律和政治规矩,聚焦'七个有之',严肃查处对党不忠诚不老实、阳奉阴违的'两面人'和违背党的政治路线、破坏党内政治生态问题,确保党中央政令畅通";

——在作风建设上,"抓具体、补短板、防反弹,重点纠正形式主义、官僚主义问题,坚决反对特权思想、特权现象";

——在反腐惩恶上,"重点审查党的十八大以来不收敛、不收手,问题线索集中、群众反映强烈,现在重要领导岗位、可能还要提拔使用的领导干部";

……

"时代是出卷人,我们是答卷人,人民是阅卷人。"

在以习近平同志为核心的党中央坚强领导下,在全党上下不懈努力和广大干部群众参与支持下,我们一定能够取得全面从严治党新的更大胜利,换来海晏河清、朗朗乾坤。(新华社记者朱基钗、林晖、荣启涵)

新华社北京1月10日电

第五章
作风建设永远在路上

1. 十八大以来，习近平这样抓作风建设

【学习进行时】党的十八大以来，从八项规定到反"四风"和"三严三实"的具体要求，党的作风建设从立规、践行推向纵深发展，党风为之一新，社会风气大为好转。新华社《学习进行时》原创品牌栏目"讲习所"推出文章，回顾、梳理5年来习近平是怎样抓党风建设的。

党的作风是党的形象，关系人心向背，关系党的生死存亡。以习近平同志为核心的党中央对此有极为深刻的认识。狠抓作风建设，重塑党的形象，成为十八大以来习近平长抓不懈的重要工作。

西柏坡"寻根" 重唤"赶考"意识

党的十八大报告重申了党在长期执政条件下面临的四大考验和四大危险，即执政考验、改革开放考验、市场经济考验、外部环境考验和精神懈怠危险、能力不足危险、脱离群众危险、消极腐败危险。

2012年11月15日，习近平在当选中共中央总书记后首次与中外媒体见面时指出，新形势下，我们党面临着许多严峻挑战，党内存在着许多亟待解决的问题。尤其是一些党员干部中发生的贪污腐败、脱离群众、形式主义、官僚主义等问题，必须下大气力解决。

习近平就任总书记后首次讲话释放出一个重要信息，那就是"党要管党、从严治党"。

2013年7月，习近平来到河北省调研。他在西柏坡重温学习了"两个务必"思想，即务必保持谦虚、谨慎、不骄、不躁的作风，务必保

持艰苦奋斗的作风。

在西柏坡纪念馆内,习近平在"六条规定"展板前久久驻足——这是共产党人"进京赶考"前定下的规矩。——对照这些规定,习近平说:"不做寿,这条做到了;不送礼,这个还有问题,所以反'四风'要解决这个问题;少敬酒,现在公款吃喝得到遏制,关键是要坚持下去;少拍掌,我们也提倡;不以人名命名地名,这一条坚持下来了;第六条,我们党对此有清醒的认识……"

"当年党中央离开西柏坡时,毛泽东同志说是'进京赶考'。60多年过去了,我们取得了巨大进步,中国人民站起来了,富起来了,但我们面临的挑战和问题依然严峻复杂,应该说,党面临的'赶考'远未结束。"

习近平西柏坡之行,凝结"赶考意识"、以史鉴今,用一场政治"寻根"宣示中国共产党坚定不移走群众路线、从严治党的决心。

"八项规定"立规迈出破题第一步

"这里是立规矩的地方。党的规矩、制度的建立和执行,有力推动了党的作风和纪律建设。"习近平对中共中央在西柏坡时期的历史贡献给予了新概括。

立规矩,也成为新一届中央领导集体改进作风的重要抓手。八项规定成为立规破题的第一步。

2012年12月4日,新一届中央领导集体履新不到20天,习近平就召开政治局会议,审议中央政治局关于改进工作作风、密切联系群众的八项规定。

短短600多字的八项规定,对调研、会议、简报、出访、警卫、报道、文稿发表、勤俭节约等提出具体要求,很多都是从小事抓起,从现实问题出发,以习近平同志为核心的党中央由此起步,把规矩立起来、严起来。

习近平强调，新一届中央领导集体要定规矩，"八项规定"是很重要的规矩。

这个规矩到底有多"重要"？习近平这样表述："改进工作作风的任务非常繁重，八项规定是一个切入口和动员令。"

习近平还说，八项规定既不是最高标准，更不是最终目的，只是我们改进作风的第一步，是我们作为共产党人应该做到的基本要求。

守纪律讲规矩是中国共产党的优良传统和独特优势。自一大通过第一部党纲开始，不同形势下的"规矩"应运而生，保证着党从弱小走向强大。

习近平说，定规矩，就要落实一些已经有明确规范的事情，就要约束一些不合规范的事情，就要规范一些没有规范的事情。

新时代催生新的"规矩"。八项规定立"明规矩"，让党员干部明白哪些事必须做、哪些事决不能做，自觉按原则、按规矩办事。

划红线反"四风" 根治"亚健康"

继制定"八项规定"后，反对"四风"成为贯彻落实中央八项规定精神的切入点，紧紧扭住执政党作风建设的突出问题。

2013年6月18日，习近平在党的群众路线教育实践活动工作会议上强调，这次教育实践活动的主要任务聚焦到作风建设上，集中解决形式主义、官僚主义、享乐主义和奢靡之风这"四风"问题。

"我们要对作风之弊、行为之垢来一次大排查、大检修、大扫除。"习近平斩钉截铁地说。

八项规定，反对"四风"，坚持什么，反对什么，旗帜鲜明。新一届中央领导集体为全党划出了红线，明确了底线。

从2013年6月开始，党的群众路线教育实践活动自上而下分两批在中共全党深入展开。第一批党的群众路线教育实践活动于2013年6月18日启动，县处级以上领导机关、领导班子和领导干部按照"照镜子、正衣冠、洗洗澡、治治病"的总要求,加强党的群众路线教育。第二批于2014年1月开始进行,这次活动贴近基层,着重解决联系服务群众"最后一公里"问题。根据中央统一安排,中央政治局常委在第二批教育实践活动中分别联系一个县。

2014年10月8日,习近平在党的群众路线教育实践活动总结大会上表示,不少党员、干部表示,反"四风"治好了自己的"亚健康",把自己从不胜其烦的应酬中解脱出来,有更多精力考虑工作、服务群众了。一些同志表示,这次活动教育了干部,也保护和挽救了一批干部。

"三严三实" 以上率下抓"关键少数"

改进工作作风必须从中央政治局做起,"说到的就要做到,承诺的就要兑现,中央政治局同志从我本人做起。"习近平说。

习近平作出表率,广东考察不封路、不清场;河北阜平考察吃家常饭,特别交代不上酒水;在考察中见群众、听真话、摸实情,绝不允许弄虚作假,为的就是与群众走得更近一点。

在习近平作风建设布局中,领导干部是重点。八项规定就是从中央政治局着手,把党联系群众、为民务实的优良传统以规定的形式明确下来;领导干部也要带头反"四风";随后在县处级以上领导干部中开展"三严三实"专题教育,就是把改进作风体现在各级领导干部实际行动之中。

习近平说,我们抓作风建设,归根到底,就是希望各级干部都能树立和发扬好的作风,既严以修身、严以用权、严以律己,又谋事要实、创业要实、做人要实。

严和实是一件一件事情、一点一点修为积累起来的,不严不实也往往不是一下子就造成的。践行"三严三实",必须落细落小,多积尺寸之功,经常防微杜渐。

"每个同志都有改造自己、提高自己的职责,打扫思想灰尘、祛除不良习气、纠正错误言行永无止境，永远都是进行时。"

这种以上率下，一级做给一级看的行事风范，为全党树立了标杆，带动了党风和政风的改进。

制度创新夯实作风建设根基

2013年，习近平在参加河北省委常委班子专题民主生活会时表示，我们抓中央八项规定贯彻落实，看起来是小事，但体现的是一种精神。中央八项规定都抓不好、坚持不下去，还搞什么十八项规定、二十八项规定？

事实上，过去几十个文件都管不住的小事，这次短短600多字的八项规定管住了，随后出台的一系列具体、全面、刚性的规定，不断筑牢廉政防线。

从规矩破题，以制度创新，是党的作风建设新思维、新选择。十八大以来陆续出台或修订80多部党内法规，不仅在数量上实现了跨越式发展，既保证了立规质量也兼顾了体系建设，进一步夯实了作风建设的制度基石。

一系列党内规范和制度固化了中央八项规定精神的落实，实现了对党内政治生活的全规范、全覆盖，为8900多万党员确立了行为规范。

专家认为，八项规定绝非权宜之计，而是中国共产党在新的历史时期一项重要的制度设计。

久久为功作风建设永远在路上

"我们坚定不移推进全面从严治党，着力解决人民群众反映最强烈、对党的执政基础威胁最大的突出问题，形成了反腐败斗争压倒性态势，党内政治生活气象更新，全党理想信念更加坚定、党性更加坚强，党自我净化、自我完善、自我革新、自我提高能力显著提高，党的执政基础和群众基础更加巩固，为党和国家各项事业发展提供了坚强政治保证。"在"7·26"重要讲话中，习近平这样总结5年来全面从严治党所取得的成就。而作风建设，正是其中的重要内容之一。

然而，"四风"问题积习颇深，改进作风不能奢望"毕其功于一役"，必须常抓不懈，久久为功。

2014年5月，习近平在指导兰考县委常委班子党的群众路线教育实践活动专题民主生活会时提出明确要求，作风建设已经采取的措施、形成的机制要扎根落地，已经取得的成效要巩固发展，关键是要在抓常、抓细、抓长上下功夫。

"面向未来，恢复和发扬党的优良传统和作风的任务还很重，巩固党风廉政建设成效、防止问题反弹的任务还很重，解决党内作风上深层次问题的任务还很重。"在中央政治局"三严三实"专题民主生活会上，习近平用了3个"任务还很重"告诫全党。

在"7·26"讲话中，习近平语重心长地指出："只有进一步把党建设好，确保我们党永葆旺盛生命力和强大战斗力，我们党才能带领人民成功应对重大挑战、抵御重大风险、克服重大阻力、解决重大矛盾，不断从胜利走向新的胜利。"

从严治党永远在路上，作风建设永远在路上。

来源：作者黄玥，新华网2017年10月10日

2. 咬定青山不放松 要留清气满乾坤

——五年来纪检监察机关落实中央八项规定精神、纠正"四风"工作综述

2012年12月4日,十八届中共中央政治局会议审议通过了《中央政治局关于改进工作作风、密切联系群众的八项规定》。全面从严治党由此破题,一场涤荡党内痼疾顽症、大力扭转作风的战役就此打响。以习近平同志为核心的党中央,率先垂范、身体力行,用"讲认真"的精神、"有担当"的行动,以抓铁有痕、踏石留印的决心和毅力,坚持不懈落实中央八项规定精神、驰而不息纠正"四风",挽狂澜于既倒,开启了作风建设的历史新篇章。五年来,八项规定改变中国,在全面从严治党的历史进程中写下了浓墨重彩的一笔。

党的十八大以来,各级纪检监察机关把落实中央八项规定精神、纠正"四风"作为重要政治任务,聚焦监督执纪问责,从统一思想认识、到狠刹面上问题、到深入深化、再到标本兼治,一个阶段一个阶段持续深入推进;从具体问题抓起,逐步拓展延伸;从党政机关抓起,自上而下向企事业单位和基层拓展延伸;从重要节点抓起,一个节点一个节点紧盯、一年一年坚守;在坚持中深化、在深化中坚持,持续正风肃纪、保持高压态势,作风建设不断深入。

回顾过去五年的工作,主要有以下做法和经验:

（一）坚持以上率下、正人先正己，一级做给一级看，层层压实责任，形成环环相扣、齐抓共管的工作格局

以习近平同志为核心的党中央从自身做起、率先垂范，中央政治局出台中央八项规定给自己立规矩，并带头严格执行，为全党树立了典范、作出了表率。各级党组织和各级领导干部特别是党组织主要负责同志把落实中央八项规定精神、纠正"四风"工作纳入全面从严治党大局，自觉向党中央和习近平总书记看齐、对标，以身作则、带头执行，认真落实主体责任，切实履行"第一责任人"职责，紧抓不放、狠抓不松，一级做给一级看、一级带着一级干，逐级传导压力、层层抓好落实，形成了以上率下、齐抓共管的良好工作局面。

各级纪检监察机关按照"打铁必须自身硬"的要求，正人先正己，主动向自己开刀，把自己摆进去，从自身做起，带头严格落实中央八项规定精神，带头努力转作风、改作风。中央纪委率先在全国纪检监察系统开展会员卡专项清退活动、清理规范培训中心，带头对违反中央八项规定精神的纪检监察干部点名道姓通报曝光；各级纪检监察机关认真贯彻党中央和中央纪委要求，着力抓好自身作风建设，树立良好的作风，为落实中央八项规定精神、纠正"四风"工作提供了坚强的组织保证、作风保证。中央纪委领导同志经常通过多种方式，对各地区各部门、中管金融机构和中央企业党委（党组）书记、纪委书记（纪检组长）进行约谈，督促主体责任和监督责任落到实处。中央纪委自2013年9月起，每月向社会公布全国查处违反中央八项规定精神问题数据，提醒、督促各单位持之以恒抓好工作。各地区各部门、中管金融机构和中央企业均把落实中央八项规定精神情况固定为检查考核、约谈提醒、述责述廉、民主生活会的重要内容，把问责作为利器，推动责任落地、工作落细。据统计，2015年、2016年、2017年1月至8月全国因管辖范围内发生违反中央八项规定精神问题被追究主体责任、监督责任的领导干部分别为 6010 余人、6770 余人、5460 余人，问责人数呈逐年上升趋势，问责力度不断加大。各级发展改革委、财政、审计、机关事务管理等部门立足自身职责，积极发挥职能监管作用，认真把好各个业务关口；多数省区市建立了纪委与税务、公安等相关职能部门的联动协调机制，形成纠正"四风"工作合力。

（二）坚定理想信念，突出教育引导，提高落实中央八项规定精神的思想认识和思想自觉，逐步推动风化俗成

各地区各部门各单位始终坚持抓教育引导，突出教育的经常性和针对性，把落实中央八项规定精神作为党的群众路线教育实践活动、"三严三实"专题教育和"两学一做"学习教育的重要内容，深入开展党性党风党纪教育。各级纪检监察机关充分利用网站、报刊、电视等媒体持续开展立体化、全方位宣传教育，引导党员干部加强党性修养，牢固树立"四个意识"，切实增强"四个自信"，深刻理解和把握落实中央八项规定精神的重要意义、基本要求，坚定理想信念、提高思想认识、形成思想自觉。针对优良作风重在风化养成的特点，注重挖掘党的优良传统作风、中华优秀传统文化资源，推动移风易俗、弘扬文明新风，注重从月饼粽子、烟花爆竹、贺卡挂历等"小事小节"入手，纠正党员干部一些习以为常的错误行为，引导党员干部明底线、守纪律、知敬畏，以小见大、日积月累、风化俗成，推动中央八项规定精神要求入脑入心，逐步养成良好的工作方式和生活习惯。中央纪委通过组织拍摄《作风建设永远在路上》专题片，在网站开辟"中国传统中的家规"，在报社开设"文化周刊"等方式，教育教化广大党员干部。许多地方运用手机客户端、微信、微博等新媒体，提升宣传教育的广泛性和有效性，潜移默化中矫正党员干部的错误认识，让遵规守矩、公私分明、尚俭戒奢的"好声音"不断回响、"正能量"持续放大。

（三）坚持问题导向，从具体问题抓起，一个问题一个问题解决，狠刹歪风邪气

"四风"问题由来已久，之前曾经出现过"几十个文件管不住一张嘴"的情况。党的十八大以来，各级纪检监察机关坚持问题导向，从小抓起，以小见大，以小带大，针对"四风"问题突出特别是奢靡享乐大量嘚瑟到群众眼皮底下的情况，立行立改、雷厉风行。从人民群众反映强烈的违规公款吃喝、公款旅游、大办婚丧喜庆事宜、滥发钱物、出入私人会所等具体问题抓起，严肃整治"舌尖上的浪费""会所中的歪风""车轮上的铺张""节日中的腐败"，深入治理潜入培训疗养机构吃喝玩乐、高档小区"一桌餐"、调研考察搭车旅游等隐形变异"四风"问题，各级纪检监察机关始终把解决人民群众反映强烈、干部作风方面存在的突出问题作为作风建设的切入点和突破口，从小处抓起，从点滴做起，一个"标"一个"标"地治理，一个问题一个问题地解决，以小见大，由易到难，推动作风整体好转。各地区各部门各单位普遍结合实际，抓住重要时间节点、重点领域、关键环节，组织开展专项治理，集中整治典型的享乐主义和奢靡之风问题，着力发现和纠正以会议、文件或口号落实中央重大决策部署、乱作为、不担当等形式主义和官僚主义突出问题，对各种违纪行为露头就打、严惩不贷，刹住了一些曾被认为不可能刹住的歪风邪气，攻克了一些司空见惯的"官场陋习"和作风难题。中央八项规定出台以来，截至2017年10月，全国查处违规公款吃喝、送礼、旅游（国内）三类突出问题共计45502起。其中，违纪发生在2013年、2014年的共31223起，占68.6%；发生在2015年的7794起，占17.1%；发生在2016年的4908起，占10.8%；发生在2017年的1577起，仅占3.5%；总体呈逐年大幅下降趋势，基本刹住面上"四风"问题。

（四）紧盯不放、寸步不让，织密监督之网，开展多种形式的监督检查

各级纪检监察机关始终把落实中央八项规定精神情况作为日常监督检查和巡视巡察的重要内容，立足日常监督，紧盯重要节点，开展专项检查，组织明察暗访、交叉互查，持续发力整治突出问题；不断完善创新监督手段，充分利用互联网、新媒体和新技术，大大拓宽监督渠道，相信群众，依靠群众，形成群众监督的浓厚氛围，布下反"四风"的"天罗地网"。中央纪委每逢年节假期、重要会议等时间节点，都通过集中通报曝光、下发通知、召开会议、开设监督举报专区等形式，持续打招呼、发信号、提要求。党的十八大以来，中央部署开展的十二轮巡视和各级巡视巡察均把贯彻落实中央八项规定精神情况作为监督重要内容，对发现的"四风"问题揪住不放，督促立行立改、着力整治并严肃查处了一批不收敛不收手问题，对持续纠正"四风"发挥了"催化剂"作用，有力促进解决群众反映强烈的奢靡享乐突出问题。中央纪委先后开通了"一网一端一微（纪检监察网、手机客户端、微信平台）""四风"监督举报平台，与传统的来信、来访举报一道形成"五维"立体化监督举报网；对收到的"四风"问题线索，件件予以查证处置。

（五）持续发力加压，动辄则咎，坚决点名道姓通报曝光，形成强大震慑

各级纪检监察机关坚持挺纪在前，把监督执纪"四种形态"体现在作风建设全过程，把违反中央八项规定精神问题作为纪律审查重点，对违规违纪问题坚决查处、决不手软；对巡视、信访和执纪审查中发现的"四风"问题线索专项处置，审查对象的"四风"问题优先查处和通报，深挖细查、决不放过；对规避组织监督、不收敛不收手的，不论职务高低一律从严查处。对巡视发现的落实党的路线方针政策走样，以会议贯彻会议、以文件落实文件的形式主义、官僚主义问题，严肃反馈、督促整改；对纠正"四风"工作不力的，严肃问责、决不姑息；坚持越往后执纪越严，不断强化促进党员干部知畏知止、收敛收手的态势；对查处的典型问题，点名道姓通报曝光，持续震慑、决不留情。中央八项规定实施以来，截至2017年10月底，各级纪检监察机关共查处违反中央八项规定精神问题19.32万起，处理26.26万人，其中给予党纪政纪处分14.51万人，党政纪处分比例达到70.1%；中央纪委共通报曝光33批178起典型问题，涉及中管干部29人；各级纪检监察机关普遍加大了通报曝光力度，在全国范围形成了"四风"露头、人人喊打的氛围。

（六）坚持标本兼治，持续立规明矩，扎紧织密从严约束、切实管用的制度笼子

各地区各部门各单位在注重治标的同时着力治本，加强制度建设，用制度巩固作风建设成果，不断提升制度的针对性和有效性，作风建设制度体系不断完备，有效防范了歪风邪气的发生。党中央注重顶层设计，围绕落实中央八项规定精神，制定出台了《党政机关厉行节约反对浪费条例》等重要党内法规，为持之以恒抓好作风建设提供了基础性制度保障。中央各部门注重中央重大制度的细化配套，面向全国出台完善了公务接待、办公用房、因公出国等方面的具体规定；各地区各部门各单位普遍结合自身实际制定了贯彻落实中央八项规定精神的实施办法、细则及配套制度，为党员干部划出了行为边界，为纪检监察机关提供了执纪依据。中央纪委督促各地区各部门各单位紧密联系实际对作风建设制度进行"体检"，检查落实中央八项规定精神的制度措施执行情况，实事求是地对制度措施加以修订完善、细化优化，要求做到可操作、可检查，做不到的宁可不写。各级纪检监察机关针对监督执纪中发现的突出问题,积极推动有关职能部门完善制度规定,作风建设的制度笼子越扎越紧。

(七)在坚持中深化,在深化中坚持,积极实践探索、层层深入推进,不断深化拓展工作

各级纪检监察机关始终保持坚强政治定力,一个阶段一个阶段逐步深入推进,工作打法和招数不断升级创新,由易到难、由浅入深,持续发力、驰而不息、久久为功,推动作风建设在坚持中不断深化和巩固。在工作中,从提出要求、统一思想认识开始,不搞"不教而诛",在初期处理上以教育纠正为主,逐步提高认识、绷紧纪律这根弦,把思想认识统一到不折不扣落实中央八项规定精神要求上来。后来发展到狠刹面上问题,严格监督执纪问责,着力查处嘚瑟在老百姓面前的违规违纪问题,重点查处党的十八大后、中央八项规定出台后、党的群众路线教育实践活动开展后仍然不收敛不收手的,越往后执纪越严。再发展到深入深化,从抓面上问题,逐步深化为紧盯"四风"新形式新动向,深入治理隐形变异"四风"问题,推动反"四风"工作不断从面上纠治向纵深发展;从主要依靠来信、来访举报,逐步深化为利用网络、微信等新技术手段充分发挥群众监督作用,深挖细查执纪审查中发现的"四风"问题线索,推动监督手段不断发展创新;从聚焦奢靡享乐,逐步深化为注重纠正和发现形式主义、官僚主义突出问题,实现工作领域的全覆盖;从抓党政机关,逐步向事业单位、国有企业、国有金融机构延伸,从中央部委、省直机关逐步向市、县、乡镇延伸,实现工作面的全覆盖。最后发展到标本兼治,在注重治标的同时,不断推动完善制度规定,建立健全作风建设长效机制。

经过近五年的不懈努力,奢靡享乐之风基本刹住,群众反映强烈的突出问题得到有效遏制,不正之风惯性得以扭转;党员干部落实中央八项规定精神"红线"意识明显增强,纪律和规矩进一步严明;制度笼子越扎越紧，作风建设制度化规范化常态化初步实现。五年来，党风政风为之一新，社风民风向上向善，回应了群众期盼，兑现了庄严承诺，赢得了党心民心，厚植了党的执政基础。

贯彻落实中央八项规定精神、纠正"四风"工作取得了重大历史性成效，这得益于以习近平同志为核心的党中央总揽全局、旗帜鲜明、以上率下、身体力行、领导坚强有力、意志品质顽强，得益于各级党组织和党员干部的同心同德、齐心协力、共同努力，得益于广大人民群众的衷心拥护、全心支持、积极参与，得益于各级纪检监察机关和纪检监察干部严肃认真、持之以恒、真抓实干。我们深刻体会，必须始终深入学习贯彻习近平新时代中国特色社会主义思想，学思践悟、内化于心、外化于行；必须牢固树立"四个意识"，时刻坚决向党中央看齐对标；必须聚焦主责主业精准发力，刀刃向内带头严修内功；必须坚持问题导向，以具体促深入、以小治大；必须保持坚强政治定力，在坚持中深化、在深化中坚持，持之以恒、抓常抓细抓长；必须坚持从实际出发，边实践、边总结、边完善，循序渐进、稳步扎实推进制度建设。这些可供借鉴、可以复制的弥足珍贵经验，要在下一步工作中继续坚持和发扬。

在充分肯定作风建设取得重大显著成效的同时，必须清醒看到，"四风"问题顽固复杂，仍有一些问题亟须高度重视、认真解决。一是有的党员干部政治站位不高，思想基础不够牢固，仍然存在松懈松劲、差不多过得去、侥幸观望等错误认识。二是违纪问题仍然禁而不绝，反弹压力较大。2017年1月至10月，全国共查处了3.78万起违反中央八项规定精神问题，其中，违纪行为发生在2017年的有9600多起，占当年查处总量25.5%，这说明，尽管不正之风已经总体得到有效遏制，但不收敛不收手的现象仍然存在，顶风违纪的行为还有增量，有的问题还出现隐形变异，整治"四风"问题的任务仍然艰巨。三是制度有待结合实际进一步细化完善，增强可操作性和可执行性。四是形式主义和官僚主义问题仍然突出，群众反映强烈，必须着力破题整治。

贯彻落实中央八项规定精神是关系我们党会不会脱离群众，能不能长期执政、能不能很好履行执政使命的大问题。党的十九大对持之以恒正风肃纪作出新部署、提出新要求。2017年10月27日，十九届中央政治局首次会议又审议了修订后的《中共中央政治局贯彻落实中央八项规定的实施细则》，为加强中央政治局作风建设立细"规矩"，再次向人民作出庄严政治承诺，充分体现了中央政治局从自身做起、以上率下的坚强决心，彰显了解决突出问题的坚如磐石的态度，为全党作出表率，向全党释放了持之以恒正风肃纪的强烈信号，发出了作风建设再出发的动员令、冲锋号。

站在作风建设历史新起点，各级纪检监察机关必须坚持以习近平新时代中国特色社会主义思想为指导，认真贯彻落实党的十九大精神，按照赵乐际同志关于"要坚持、巩固、深化，全面加强作风建设和纪律建设，驰而不息落实中央八项规定精神"的要求，以坚强的政治定力和战略定力，把监督执行实施细则精神作为改进党风政风的一项经常性工作来抓，发扬钉钉子精神，不松劲、不停步、再出发，持之以恒、久久为功，继续坚持已有成功做法，坚持以上率下、抓住关键少数；聚焦重点领域和突出问题、深挖隐形变异、深入治理享乐主义和奢靡之风；从抓具体问题破题、着力整治形式主义和官僚主义，坚决反对特权思想和特权行为，巩固拓展落实中央八项规定精神成果，持续整治"四风"，成风化俗、成为习惯，不断擦亮作风建设这张亮丽名片，使党的作风全面好起来，为实现"两个一百年"奋斗目标和中华民族伟大复兴的中国梦提供强有力的作风保障。

新华社北京12月4日电

3. 再塑党的形象的伟大工程
—— 中国共产党自身建设的五年探索之路

2017年10月18日上午,举世瞩目的中国共产党第十九次全国代表大会在北京隆重开幕。

2200多名党代表以意气风发的精神状态和一往无前的奋斗姿态展现在世人面前,展示出一个百年大党浴火再塑后的崭新形象。

征服一座高峰,需要超越的是自我。

党的十八大以来,以习近平同志为核心的党中央带领中国共产党以无私的斗争精神,开启了一场自我革命、自我再塑的伟大工程。铁腕反腐、凝心聚魂、正风肃纪、坚毅担当……重锤之下,火花四射。一个个动人心魄的瞬间,汇聚成壮丽夺目的长卷,在革命性锻造中,新时代党的面貌发生了前所未有的变化。

以历史为鉴,再塑健康肌体

9月29日,就在党的十九大召开前不到20天,十八届中央政治局委员孙政才,因严重违反党的"六大纪律"被"双开"。

"盛会不反腐""届末之年反腐将要收官""刑不上大夫"……这些西方媒体笔下的所谓中国"政治潜规则",在中国共产党的实际行动面前被一次次打破。

少有人感到风雷将至的前奏。

2012年12月初,当选十八届中央候补委员还未满月的四川省委副书记李春城万万没想到,十八大后的反腐"第一枪"会指向他。

"我一直有这样一个思想,就是在这个时期,干部队伍出点小问题难免的……"几年后,因受贿罪、滥用职权罪锒铛入狱的李春城回首往事,唏嘘不已。

此时此刻的悔悟,反衬的是彼时彼刻的迷思。

5年前,当"受贿近4000万元"不过是李春城眼中的小问题时,我们党正面临腐败愈演愈烈的严峻挑战。

"山西省军区原司令员方文平、成都军区原副司令员杨金山、兰州军区原副政委范长秘……"

在国防大学的一次演讲中,金一南教授一口气列出一串因腐败问题"落马"的将军。党的十八大以来,全军先后查处涉嫌严重违纪违法军级以上干部100多名,这个数字已经远远超过枪林弹雨中为缔造新中国而牺牲的将军数量。

"可能有这样一些共产党人,他们是不曾被拿枪的敌人征服过的,他们在这些敌人面前不愧英雄的称号;但是经不起人们用糖衣裹着的炮弹的攻击。"

68年前,"进京赶考"前夕,毛泽东同志对全党的警示音犹在耳。

"赶考"永远不会结束,只会给出一个个新的时代考题。

腐化生活的侵蚀、利益集团的"围猎"、金钱逻辑的泛滥,这些在革命战争年代和计划经济时期尚不突出的问题,却一步步把党推到了与腐败短兵相接、攸关兴亡的前沿阵地。

"大量事实告诉我们,腐败问题越演越烈,最终必然会亡党亡国!"党的十八大后,习近平总书记上任伊始就向全党发出了振聋发聩的警告。

宁可得罪千百人,绝不辜负13亿!

势不两立之间,亮剑成为唯一的选择。

英国每日电讯报评论道:中共新一代领导人表示腐败问题必须立

即解决，似乎没有浪费什么时间就言出必行。

言出必行，开弓没有回头箭！

继李春城之后，几乎每月都有中管干部被查处，最多时"一月打七虎"。短短5年，全国共立案审查省军级以上党员干部及其他中管干部440人。其中，十八届中央委员、候补中央委员43人，中央纪委委员9人。

上至周永康、薄熙来、郭伯雄、徐才厚、孙政才、令计划等"大老虎"，下到群众身边的"蝇贪鼠害"，谁也没有免罪的"丹书铁券"，谁也不是"铁帽子王"。

暴风骤雨，雷霆万钧，一次次刷新着人们的认知。

勇于自我革命，从严管党治党，中国共产党这一最鲜明的品格，正获得越来越多的赞誉。

一个省45名全国人大代表参与贿选，近千名"政商精英"牵涉其中。2016年9月，发生在辽宁省的拉票贿选案受到严肃查处并被公之于众，揭开了新中国历史上最大贿选案的盖子，也让辽宁省人大常委会一度陷入停摆。

当社会主义民主法治遭到践踏，当中国共产党的执政底线受到挑战，以习近平同志为核心的党中央果断出手，没有投鼠忌器的任何迟疑，没有法不责众的任何妥协，没有下不为例的任何退让。

何止于辽宁！

山西系统性塌方式腐败、四川南充拉票贿选案、湖南衡阳破坏选举案……一个个大案要案、串案窝案被摊在了阳光之下。

再塑自我，必定是壮士断腕、向死而生。

2015年，反腐败斗争进入第三个年头，形势仍然胶着。

此时，社会上出现了一些杂音："反腐影响经济发展，导致干部不作为""反腐会不会亡党""反腐是权力斗争，是'纸牌屋'"……

杂音背后，既有认识不清的疑虑，更有暗流汹涌的角力。

"人民把权力交给我们,我们就必须以身许党许国、报党报国,该做的事就要做,该得罪的人就得得罪。"

关键时刻,习近平总书记再次斩钉截铁、一锤定音。

在这场输不起也决不能输的斗争中,以习近平同志为核心的党中央顶住重重压力、直面各种挑战,将中国共产党勇于自我革命的政治勇气和政治智慧发挥到了极致。

2016年6月29日上午,一辆中巴车径直驶进天津市委大院。时任代理书记、市长黄兴国早早站在门外,迎接中央巡视组"再度来访"。

这位代理书记满心希望这是一次"体检转正"的"回眸一笑"。然而,两个半月后,他的政治生命彻底终结在巡视"回马一枪"上。

巡视利剑,5年磨砺,已成为破解一党执政下自我监督难题的重大制度利器,被查处中管干部中超过60%问题线索来自巡视。

瞄准权力的制约和监督这个关键,5年来,党内监督制度建设、法规制度建设、执纪问责方式、干部选拔任用办法,纷纷拿出创新性"打法"。

刀刃向内,刮骨疗毒,再塑肌体。

环顾当今世界,没有哪个政党能有如此的意志和力度"自己给自己动刀子"。

这是5年来,中国共产党石破天惊的一个壮举。

2016年11月16日下午,北京首都机场。

一个头发灰白、步履蹒跚的老妇在两名女警押解下,缓步走下飞机舷梯。

13年前,"百名红通"头号嫌犯、浙江省建设厅原副厅长杨秀珠,因涉嫌贪污罪出逃海外,曾下定决心:"就算死,也要死在美国。"

13年后,随着中共反腐败斗争以浩荡声势向海外拓展,杨秀珠逐步陷入无钱可花、无人可靠、无路可逃的境地。众叛亲离的她最终决定,

"无条件回国接受法律惩处"。

人心是最大的政治,正义是最强的力量。

从2015年的"胶着状态",到2016年的"压倒性态势正在形成",今天,反腐败"压倒性态势已经形成并巩固发展"。

在海外,在逃人员纷纷陷入过街老鼠般的困境;在国内,数以万计党员干部主动向组织交代自己的问题。

这是一个政党毅然决然的蜕变,这是一个国家朗朗乾坤的希望。

2016年,人民群众对党风廉政建设和反腐败工作的满意度,已从党的十八大前的75%攀升至92.9%。

不久前,新加坡总理李显龙访华,高度赞赏中国共产党全面从严治党取得的显著成效,并主动提出增加一项议程:同中共领导人交流反腐经验。

这位来自号称"亚洲最廉洁国家"的领导人懂得,一个政党通过自我革命确保在长期执政中始终廉洁,需要何等的勇气、何等的魄力、何等的智慧。

五年栉风沐雨,五年淬火成钢。

面对腐败这一世界难题,中国共产党清晰标出政党与资本的界限、有效制约和监督权力、牢牢抓住领导干部这个"关键少数"……通过一系列的举措和制度建设,探索始终保持先进性纯洁性的有效路径,向着夺取反腐败斗争压倒性胜利的目标砥砺前行。

以信仰为魂,再塑理想信念

湖南省长沙市书院路356号,车水马龙掩映书香之静,庄重典雅的青白色建筑顶部,"第一师范"校名赫然醒目。

2017年七一前夕,21岁的大三学生王佳蓓和同学们一起面向鲜红党旗,庄严宣誓:"为共产主义奋斗终身。"

整整100年前,求学于此的毛泽东曾写下震动全校的文章《心之力》:"愿与志同道合、追求济世、救世真理者携手共进。"

追求真理、不懈奋斗,是两个世纪的年轻人穿越百年的精神共鸣。

人以神立,党以魂兴。

纵观中国共产党96年奋斗史,创造奇迹的方式有千百种,但铸就伟业的根基只在一处——

以信仰之光照亮前进之路。

"对马克思主义的信仰,对社会主义和共产主义的信念,是共产党人的政治灵魂,是共产党人经受住任何考验的精神支柱。"党的十八大报告中短短49个字,既是继往开来的政治宣言,更是直面问题的政治警示。

2017年国庆假期,北京展览馆里人潮涌动。

在"砥砺奋进的五年"大型成就展第十展区,苏荣、王珉、周本顺、仇和等人亲笔书写的忏悔书引人深思。

"我虽然被开除了党籍,但我不会忘记组织45年来对我的培养。我会永远记住党组织这个家,记住党这位可敬的母亲。"透过周本顺的字迹,有的人看到了他对罪行的悔恨,有的人看到了他对组织的眷恋……

然而,就是这个有着45年党龄的河北省委原书记,落马前曾在自己的多处住所内摆设佛堂佛龛,每逢初一、十五,都按时在家烧香拜佛,甚至自己养的一只乌龟死了,还专门手抄经文一起下埋……

很难想象,这个组织培养多年的老党员、党的高级干部,一面大肆贪污腐化,一面乞求神佛保佑的样子。

更难想象,如果一个马克思主义政党充斥了这样背弃信仰的荒唐行径,它的精神大厦还怎么能稳如泰山、感召人心?

信念,任何时候都不能遗忘——

"我什么时候出生记不得了。我入党的日子还记得,1954年10月7日。"在101岁的老红军刘光登心中,比生命更重要的是初心。

84年前，17岁的刘光登在中央苏区参加红军。一同参军的10位少年中，他是唯一活着看到革命胜利的人。

忠贞于自己的信念——幸存的和牺牲的红军将士穿越时空的呐喊，回答着中国共产党从哪里出发、为什么出发的根本命题。

不忘初心，方得始终。

2017年6月，在山西考察工作的习近平总书记来到晋绥边区革命纪念馆，郑重地向革命烈士敬献花篮。

他动情地说："革命战争年代，吕梁儿女用鲜血和生命铸就了伟大的吕梁精神。我们要把这种精神用在当今时代，继续为老百姓过上幸福生活、为中华民族伟大复兴而奋斗。"

唯有信念信仰之火的引领，才有创造历史、继续前进的不竭动力。

真理，时时刻刻需要擦亮——

上海陆家嘴，632米高的上海中心大厦耸入云端，俯望遥远清晰的天际线。

在这座世界第二高楼里，活跃着30多个非公有制企业党支部、600多名党员。一个普通的工作日，22层500多平方米的"金领驿站"里，24岁的联合党支部书记陆家玮正和党员们一起，交流学习《习近平总书记系列重要讲话读本》的体会。

"在这里，我们不仅领略物理高度，更拥有信仰高度；不仅视野广阔，更理想远大！"陆家玮说。

5年来，从党的群众路线教育实践活动到"三严三实"专题教育再到"两学一做"学习教育，一系列党内政治思想教育环环相扣、深入推进，从"关键少数"向全体党员扩展，再塑全党本色初心，使信仰之根扎得更深更牢。

共产党人的价值追求，必须义无反顾地坚守——

纪律处分条例和廉洁自律准则一体修订、一并公布，划出纪律"底线"的同时，标明应当遵循的道德"高线"。

《关于新形势下党内政治生活的若干准则》明确把"坚定理想信念"作为开展党内政治生活的首要任务。

如果说,制度是无形的约束;那么,榜样就是鲜活的标杆。

时隔20年重启"全国优秀县委书记"评选,首次以中共中央名义表彰全国优秀共产党员,制定党内最高荣誉"七一勋章"授予办法……所有这些新时期好干部标准中,第一条也是第一位的,都是"信念坚定"。

30岁的他,被百姓称为"党的好干部"。

在重庆白沙镇,副镇长张昭源已先后在3个乡镇工作6年,跑遍了所有的贫困村。这名清华大学高才生毕业时只给了自己一个选择:到最艰苦的基层,实现最远大的理想。

"我是共产党的一分子,我的信仰决定了我的选择。"张昭源说。

几十公里外的歌乐山,渣滓洞监狱旧址,阴森的囚室,冰冷的刑具,谒祭英魂的人们仍可感受到当年的白色恐怖。

在此英勇就义的200多名革命志士,大多出身衣食无忧的富裕家庭。投身革命、舍生忘死,人生的抉择源自"为绝大多数人奋斗"的坚定信仰。

今天,在共产党人信仰的旗帜下,越来越多人同样作出无悔的选择——

战略科学家黄大年放弃海外优渥的生活,将生命的涓滴细流汇入报效祖国的汪洋大海;县委书记廖俊波忘我工作、无私奉献,用胸中燃烧的火焰温暖身边的群众;大学教授李保国35年扎根太行,用比山还坚定的意志帮助群众脱贫致富……

理想信念的张扬,挺起8900多万共产党员的精神脊梁,大大增强了党的创造力、凝聚力、战斗力。

中国共产党再次因纯粹和纯洁,变得可敬、可爱。

"今天,我为什么加入中国共产党?"2016年五一期间,南京航空航天大学教师徐川的一篇文章刷爆微信朋友圈:"这个逆袭的政党诞生之初没有任何光环,没有任何背景,没有任何资产……是什么让人民选择了共产党,而不是别的其他政党?答案只能是两个字:信仰。"

这位青年教师的党课场场爆满,需要提前占座,课堂上始终掌声不断。

今天,从现实生活到网络空间,越来越多80后、90后成为知党爱党为党护党的生力军。

中国共产党人再次因崇高和理想,变得可亲、可近。

2016年建党95周年前夕,一部时长9分05秒的视频短片《红色气质》刷屏网络。

在激昂的国际歌旋律中,一张张熟悉的面孔从历史深处浮现,中国共产党人的信仰力量穿越时空、直击人心。视频上线短短几天,网络点击超过一亿次。

一位北大学生留言:"理想信念从来都在我们心中,不需要灌输,而需要唤醒。"

上海兴业路,历史的街口。

中共一大会址纪念馆新近数万条留言中,频率最高的是"不忘初心,继续前进"。

70岁的退休工人、党员余强华,带着7岁的外孙,在仅18平方米的会场驻足良久,认真倾听中国共产党诞生时的细节讲述。

"不管有多少困难,只要有信仰,理想就一定能实现。"余强华感慨地说。

以民心为本,再塑优良作风

"八项规定改变中国!"

这是人民发自内心的评判。

2012年12月4日，十八届中央领导集体履新不到20天，中央政治局召开会议，审议通过关于改进工作作风、密切联系群众的八项规定。

以立规矩开始，由作风建设切入，从最高领导层做起，当代中国共产党人开启了再塑党的作风的"第一行动"。

短短5年，起于青苹之末的作风之变，给中国带来一场意义长远的深刻变革。

河北石家庄裕华路上，"百姓大酒店"门庭若市。

"现在一份菜十几二十块，就像家门口的大食堂。"经常光顾这里的市民肖红说。

2014年之前，这里叫"皇宫大酒店"，是当地官商聚会的热门场所，一桌饭菜动辄上万元。

"皇宫"退场，"百姓"登台，折射出5年来的风气之变。

2013年1月，习近平总书记在十八届中央纪委二次全会上，直指当时党内不良作风的种种表现：

"现在，一些地方，楼堂馆所何其豪华，迎来送往何其热闹，前呼后拥何其壮观，鸟语花香何其艳丽，觥筹交错何其铺张……"

5个"何其"，画出党内形式主义官僚主义享乐主义突出、奢靡之风盛行之相，而不少领导干部却对此习以为常，安之若素。

"打高尔夫球是与国际接轨，是领导干部应有的派头""不收钱就是'很清廉'，公款该吃吃该喝喝""共产党员也是人，生活条件好了，吃点拿点是小事"……

这些奇谈怪论，一度大有市场。

风气之弊日积月累，不仅成为滋生腐败的土壤，而且会侵蚀政治生态，败坏政风民风，疏离党群干群关系。

有时候，吃饭也是政治。

在抗日战争最艰苦的时期，蒋介石、毛泽东先后请爱国侨领陈嘉庚吃饭，前者极尽铺张，宴请列支 8 万元；后者热忱朴素，自掏腰包请了一顿农家饭。

一顿饭，陈嘉庚看到了中国共产党这个"山沟里的党"与人民的水乳交融，看出了这个党质朴廉洁作风中蕴含的远大志向。

一顿饭，陈嘉庚作出一个判断：中国的希望在延安。

"党的作风就是党的形象，关系人心向背，关系党的生死存亡。执政党如果不注重作风建设，听任不正之风侵蚀党的肌体，就有失去民心、丧失政权的危险。"习近平总书记告诫全党。

两个苹果能值几个钱？

山东巨野县田桥镇政府办公室主任魏衍顺，恰恰就是在两个苹果上"栽了跟头"。因为巡查市场时吃拿商户两个苹果没付钱，魏衍顺被当地纪委通报，付出了高昂的政治代价。

不是小题大做，而是因为群众利益无小事。

60 多年前，辽西战役如火如荼。锦州乡间苹果已熟，络绎不绝行军路过的解放军战士虽饥渴难耐，却一个都没有摘。

战士们说："这是人民的苹果。"

一句"人民的苹果"，道出中国共产党迥异于别的政治组织的特质：严格的纪律、高尚的品格、为民的情怀。

时间再退回到 1927 年，秋收起义部队正处于极端困难的境地，毛泽东却对部队官兵提出要求：行动听指挥，不拿群众一个红薯，打土豪要归公……这就是让人民军队立于不败之地的"三大纪律八项注意"的雏形。

作风，就是党在人民心中的样子。

从这些小得不能再小的细节入手，中国共产党领导的军队有了区别于其他一切旧式军队的优良作风和铁的纪律，人民群众看到了国家的希望、民族的未来。

八项规定就是今天的"三大纪律八项注意"。

2013年底，中央纪委通报了黑龙江省副省级干部付晓光因私公款消费、致陪酒人员死亡的典型案件。

"应该说一句最心里的话，八项规定出台得太及时了。"当时一起陪酒的干部孙书功回忆道，"作为基层干部，最不愿意做的就是搞应酬……八项规定出台之后，现在你请他，他都不来了。"

驰而不息，久久为功，不信清风唤不回。

党的十八大以来，全国平均每天有140多人因违反八项规定受到查处，总计1.2万名党员干部被点名通报。

从省部级领导到乡镇干部，多少人因为"小小的"作风问题被处理，没有半个台阶可下，没有一点面子可留。

纪肃则风正。坚持不懈抓作风建设，厘清的是公与私的关系，摆正的是官和民的位置。

"上次和乡干部同点一盏灯、同坐一张桌，还是好多年前在生产队时候的事。"

江西萍乡，61岁的村民晏思萍感慨："现在干部来得勤了，办实事、办好事。县长、镇长都坐过我们家的板凳哩！"

来到人民身边，才能走进人民心里。

"苏区干部好作风，自带干粮去办公，日着草鞋干革命，夜打灯笼访贫农……"

2017年3月，赣南采茶戏《永远的歌谣》在北京上演。一首传唱80多年的经典民歌《苏区干部好作风》唱出了人民群众的心声。

在这首民歌的诞生地江西兴国县，驻村第一书记朱长华随身携带的笔记本，密密麻麻记着老百姓的各种急事难事。他把走家串户、访贫问苦作为必修课，与群众拉家常、交朋友、听心声、解难题，深得大家信任。

风清则气正，气正则心齐，心齐则事成。

北京东城区东四街道，曾经逼仄的小巷，终于恢复老北京传统胡同的风貌。居民刘春喜难以忘记,街道干部们为整治私搭乱建,一次次走街串巷的身影。

她给朋友发了这样一条短信:"我不认识他们,也叫不出他们的名字,但我认识他们胸前的徽章,一面党旗在飘扬。"

一片初心不改,五年精心打造,作风建设的成就已成为十八届党中央献给十九大的一张亮丽名片。

以使命为要,再塑责任担当

"为人民服务,担当起该担当的责任。"

2014年2月7日,习近平主席在接受俄罗斯电视台专访时这样概括自己的执政理念。

大道至简。朴实的话语,道出中国共产党人的追求和品格。

自诞生之日起,中国共产党就自觉担负起为中国人民谋幸福、为中华民族谋复兴的历史使命,前赴后继,矢志不渝。

一代人有一代人的使命,一代人有一代人的担当。

走进国家博物馆《复兴之路》展厅,历史的烽烟扑面而来。

"我们这一代共产党人一定要承前启后、继往开来";

"我以为,实现中华民族伟大复兴,就是中华民族近代以来最伟大的梦想"。

——5年前,习近平总书记在参观展览时的铿锵话语,道出了时代的强音。

俄罗斯知名政论家尤里·塔夫罗夫斯基说,习近平上任仅两周就提出宏大的"中国梦"战略构想,体现了这位中共领袖自加压力、负重前行、主动作为的历史担当。

没有一种责任,比肩负一个民族的前途命运更重大;没有一项使命,比实现13亿多人民的共同梦想更伟大。

2015年11月,被称为"史上最高规格"的扶贫工作会——中央扶贫开发工作会议在北京召开。

"小康路上一个也不能少"——当代中国共产党人作出了对历史的庄严承诺。会上,中西部22个省区市党政一把手签署了脱贫攻坚责任书。

"这就是你们给中央立下的军令状。"习近平总书记这样说。

脱贫攻坚,这是一场只有中国共产党人才能担当起的伟大决战。

军令如山,虽九死而不悔。

2016年2月26日,在贵州省晴隆县召开的脱贫攻坚千名干部包保帮扶誓师大会上,全县各级干部近千人高举右拳,庄严宣誓:"脱贫攻坚,我是党员,向我看齐!"

震耳欲聋的宣誓声中,很少有人知道,站在主席台上领誓的县委书记姜仕坤已经走到生命的极限。

一个半月后,这位曾誓言"只要还有一个晴隆人没有脱贫,我这个县委书记就不能休息"的共产党员,燃尽了生命之火。

以行动兑现承诺,用忠诚诠释担当。

19.5万名优秀干部走出机关大院,以"第一书记"的身份奔赴脱贫攻坚一线;77万多名帮扶干部走向脱贫攻坚主战场。

柴生芳,蒋富安,程扶摇……2013至2016年间,共有120多名共产党员牺牲在反贫困斗争的特殊战场上。

5年来,中国平均每年有1300多万人摆脱贫困,相当于一个欧洲中等国家的人口规模,贫困发生率降至4%以下,创造了世界减贫史上的奇迹。

不久前,乌拉圭执政党"广泛阵线"主席哈维尔·米兰达专程到云南怒江了解中国的脱贫经验。他深有感触地说,中国共产党的责任感和行动力为世界减贫事业树立了典范。

面对不容错过的历史机遇,面对不容忽视的短板不足,面对不容回避的困难挑战,当代共产党人唯有以更强烈的担当精神破局开路,方能不负人民重托。

2013年11月25日,唐山。

一座450立方米高炉的烧结机烟囱在巨大的爆破声中轰然倒地,开启了河北省化解钢铁落后产能的第一步。

不到4年时间,仅河北一省就有数以千万吨计的钢铁、水泥产能被压减。

不是没有代价:经济增长回落,大批职工转岗,财政收入锐减……然而,改革再难也必须奋力向前。

何以称英雄,识以领其先!

2013年12月30日,中央全面深化改革领导小组成立,习近平总书记亲自担任组长,既挂帅又出征,领导全国上下迎难而上,掀起全面深化改革的时代大潮。

国企国资、户籍制度、财税金融、农村土地、公立医院……一项项议论多年、阻力重重、牵涉深层次利益调整的改革接续启动,以前不敢想、不敢碰、不敢啃的硬骨头被一一砸开。

全面发力、多点突破、纵深推进,1500多项改革举措梯次展开,主要领域四梁八柱性质的改革主体框架基本确立,呈现出"大潮奔涌逐浪高"的壮阔景象。

新加坡《联合早报》评价说,环顾世界,没有一个国家能够像当今中国这样,以一种说到做到、只争朝夕的方式全面推进改革进程。

2017年4月1日,河北雄安的名字传遍海内外。中国共产党以千年坐标谋划未来的气度和担当震惊了世界。

为国家长远发展计。"落子"雄安背后,一个更加宏大的布局悄然成型——

"一带一路"建设、京津冀协同发展、长江经济带发展,中国发展的潜在空间和能量将得到前所未有的激发和释放。

祁连山,中国西部生态安全屏障。

今年7月，因监管不力导致祁连山生态遭到严重破坏，甘肃省受到中央通报批评，3名副省级干部在内的几十名领导干部被严肃问责，甘肃省委和省政府被责成向党中央作出深刻检查。

为民族永续发展计。强力推进生态文明建设背后，一种历史担当令人动容——

绝不再走牺牲环境换取一时发展的老路，为子孙后代留下绿水青山。

决胜全面小康，逐步实现全体人民共同富裕；全面深化改革，让群众更有获得感；全面依法治国，促进社会公平正义；全面从严治党，为"政治生态"正本清源……以人民为中心，是中国共产党一切工作的出发点和落脚点。

更好的教育、更稳定的工作、更满意的收入、更可靠的社会保障、更高水平的医疗卫生服务、更舒适的居住条件、更优美的环境、更丰富的精神文化生活……

"人民对美好生活的向往，就是我们的奋斗目标。"

中国共产党勇于担当的奋斗姿态，激发着13亿多中国人民干事创业的激情，如万千溪流归江入海，汇聚成共创伟业的豪迈情怀。

天下将兴，其积必有源。

1939年10月，毛泽东同志把党的建设提升到"伟大的工程"的高度，强调为了中国革命的胜利，迫切地需要"建设一个全国范围的、广大群众性的、思想上政治上组织上完全巩固的布尔什维克化的中国共产党"。

党的十九大上，习近平同志的话语掷地有声："伟大斗争，伟大工程，伟大事业，伟大梦想，紧密联系、相互贯通、相互作用，其中起决定性作用的是党的建设新的伟大工程。"

自胜者强，越己者恒越。

在习近平新时代中国特色社会主义思想指引下，一个历经百年苦难与辉煌的伟大政党正以前所未有的自信和胆略,带领13亿多中国人民迈向伟大复兴的光辉未来。(新华社记者霍小光、张晓松、罗宇凡、王建华、叶书宏、朱基钗、黄玥)

4. 自我净化清明政治生态 自我革新提升执政能力

——国际社会点赞中国共产党坚定不移全面从严治党

中国共产党第十九次全国代表大会 18 日上午在北京开幕。习近平同志在十九大报告中强调，坚定不移全面从严治党，不断提高党的执政能力和领导水平。

国际社会认为，一个勇于自我革新、从严管党治党的中国共产党对中国和中华民族的未来至关重要，通过全面从严治党，中共执政能力显著提升，中共全面从严治党的经验值得各国政党借鉴。

必须毫不动摇把党建设得更加坚强有力

报告指出："中国特色社会主义进入新时代，我们党一定要有新气象新作为。打铁必须自身硬。党要团结带领人民进行伟大斗争、推进伟大事业、实现伟大梦想，必须毫不动摇坚持和完善党的领导，毫不动摇把党建设得更加坚强有力。"

长期关注中国共产党治国理政实践的塞尔维亚总统、进步党主席亚历山大·武契奇认为，全面从严治党是中国共产党引领中国实现中华民族伟大复兴的重要保障，为中共的领导力注入重要力量，向世界展示了中共在全面建成小康社会、全面深化改革、全面依法治国等问题上的坚定意志。

意大利国际问题学者贾恩卡洛·瓦洛里说，五年来，中国共产党坚持全面从严治党力度之大前所未有，成效之显著前所未有，一系列重大举措凸显中共的政治勇气和责任担当，坚定不移全面从严治党将让中共变得更加强大。

在委内瑞拉发展和新兴经济高级研究中心主任安德丽娜·塔拉森看来，五年来，中国共产党将全面从严治党作为重要工作来抓，自我净化、自我革新，使其凝聚力、公信力和领导力得到大幅提升。

"居安思危的中国共产党全面从严治党成效显著，这些经验对越南颇有影响。"越中友好协会副会长阮荣光表示，越南一直密切关注并注意学习中共在全面从严治党方面采取的重要举措，"我们会从中选择适合越南国情的内容加以应用"。

美联社报道说，习近平在中共十九大上宣布中国特色社会主义进入新时代，要求全党为中国在本世纪中叶建成社会主义现代化强国付出更多努力。

泰国《今日邮报》报道说，习近平在中共十九大上强调全面净化党内政治生态，坚决纠正各种不正之风，以"零容忍"态度惩治腐败，不断增强党的自我净化、自我完善、自我革新、自我提高能力，始终保持中共同人民群众的血肉联系。

夺取压倒性胜利的决心必须坚如磐石

报告指出："当前，反腐败斗争形势依然严峻复杂，巩固压倒性态势、夺取压倒性胜利的决心必须坚如磐石。要坚持无禁区、全覆盖、零容忍，坚持重遏制、强高压、长震慑，坚持受贿行贿一起查，坚决防止党内形成利益集团。"

土耳其中国问题专家穆罕默德·梅苏特·阿克塔斯哲认为，中国共产党以"刮骨疗毒、壮士断腕"的决心和勇气，重拳反腐，惩贪去恶，提升了民众信任，维护了稳定，推动了改革。

卢旺达执政党卢旺达爱国阵线全国执行委员会成员阿卜杜勒—卡里姆·哈雷利马纳说："中国共产党认识到腐败对政党乃至国家的危害，

坚定不移全面从严治党，加强党内监督体系建设，重拳反腐，净化队伍，使之更具活力和战斗力。"

在韩国成均馆大学成均中国研究所所长李熙玉看来，五年来，中国共产党全面从严治党为中国新一轮改革奠定了基础。他说，反腐败意义并不是单纯铲除腐败，还在于革新中国整体社会结构，"这对于健全社会主义市场经济具有重大意义"。

津巴布韦执政党非洲民族联盟—爱国阵线发言人西蒙·卡亚·莫约说，津巴布韦非常钦佩中国共产党从严治党所取得的成就，"同样面临腐败问题挑战的津巴布韦要学习中共反腐败成功经验，营造清正廉洁的政治生态"。

今日俄罗斯通讯社报道说，五年来，中共开展了声势浩大的反腐败斗争。中共的反腐决心坚如磐石，有利于"跳出历史周期率，确保党和国家长治久安"。

始终保持党同人民群众的血肉联系

报告指出，"始终保持党同人民群众的血肉联系。""凡是群众反映强烈的问题都要严肃认真对待，凡是损害群众利益的行为都要坚决纠正。"

长期关注中国共产党治国理政经验的印度共产党（马克思主义）中央委员会总书记西塔拉姆·亚秋里认为，中共坚定不移全面从严治党，严明政治纪律和政治规矩，把权力关进制度的笼子，令中共党内和国家政治生活发生一系列显著的积极变化，更为重要的是，让中共与人民群众的关系更加密切。

智利执政联盟党社会民主激进党主席埃内斯托·贝拉斯科对"一个政党，一个政权，其前途命运取决于人心向背"这一论断深表赞同。他认为，从严治党事关党员身份认同和政党前途命运，"这句话超越党派立场，能够成为指引世界各政党的灯塔"。

柬埔寨执政党人民党发言人索耶桑说，中国共产党全面从严治党取得的成就离不开领导层对人民群众的坚定承诺，"这为世界其他国家政党提供了好的经验。人民不需要腐败官员，中共的反腐败斗争顺应民意，也必将赢得人民更多的支持"。

马来西亚交通部长、执政联盟党马来西亚华人公会总会长廖中莱说，中国共产党把全面从严治党置于关乎国家、民族前途命运和人民福祉的高度，勇于自我革新、自我净化。中国取得今日之举世瞩目的成就，同中共始终注意密切同人民群众联系密不可分。"和人民站在一起，这是世界各个政党都必须要学习的，因为这样才能长治久安，国家才能发展。"（参与记者：王慧娟、王星桥、徐烨、王瑛、乐艳娜、陶军、陈家宝、吕天然、耿学鹏、张玉亮、胡晓明、党琦、王沛、毛鹏飞、刘彤、林昊、易爱军、蒋国鹏）

新华社北京 10 月 19 日电

> 延伸阅读

"党建+"为老百姓加出了什么

坐在宽敞明亮的新式蒙古包里,身着蒙古族传统服饰的孟克巴雅尔拿出手机,向记者展示鄂托克前旗智慧党建app的各项功能,汉、蒙两种语言,不但有各类党建资讯,还有红色影视剧,可以在手机上学党课。

孟克巴雅尔是内蒙古鄂尔多斯市鄂托克前旗昂素镇牧民、党员中心户。该旗将党建工作与互联网相结合,实施网格化为基础的智慧党建工程。

记者在重庆、内蒙古、浙江等地采访发现,各地积极践行十九大报告提出的"加强基层组织建设"要求,发挥"党建+"的作用,把党建工作融入到基层各项具体工作中,切实增强了群众的获得感和满意度。

"党建+"打造"明星"社区

"各族人民拥护党的十九大,蒙汉团结听党的话。各族人民团结一条心,共同实现伟大复兴梦……"鄂尔多斯市准格尔旗站北社区文化活动室,身穿蒙古族服装的奇俊文,正在乐队的伴奏下,用热情豪放的漫瀚调讴歌宣传党的十九大。

站北社区党支部书记李慧说,用漫瀚调宣传党的一系列惠民政策,是站北社区居民的自发行为,也是站北社区的一大亮点。

站北社区党支部以"党建+"文化,打造文化惠民工程,以文化凝聚民心，营造和谐社区。

而在雾都重庆，南岸区花园路街道南湖社区小广场边的花园里，老党员何先涛带领十几名党员护绿队员在养花护草。党员护绿队是社区居民在南湖社区党委的领导下，自愿成立的社会公益组织。通过"党建+"，撬动多元主体参与，有效解决了南湖社区治理"最后一公里"问题。

南湖社区位于南坪商圈，是典型的老社区。这里基础设施落后，绝大多数楼房没有物业和电梯，居民活动场地有限，环境脏乱差。

"社区的一大特点是上有千头万绪，下有千呼万唤。要做好工作，单打独斗，只能手长衣袖短，有心无力。"南湖社区党委书记张琦说，必须创新社区管理思路，培育、支持、引导居民和社会组织参与社区治理。

为此，南湖社区成立了南湖微益坊，目前孵化入驻了党员护绿队、心连心党员帮扶基金、巧手工坊、南湖社区老年大学、中华之声合唱团等43个社会组织，涵盖公益、慈善、家政、文体、教育等领域，参与居民约6000名，几乎每户家庭都有人参与。

众多社会组织和居民的参与治理，让"老旧散"变"高大上"，南湖成了远近闻名的"明星社区"。

"站在新的起点,我们将把南湖打造成'益己、益人、益家园'的'三益'社区，满足居民多方面、多层次的需求。"张琦说。

"党建+"助人站起来

一头利落短发，身着粉色外套，浙江省宁波市鄞州区百丈街道划船社区的邱一楠推着婴儿车散步，很难想象她曾是一位脑瘫患者，因为身体无力被称为"面条女孩"。

不但站起来而且做了妈妈的邱一楠，找到划船社区党委书记俞复玲寻求帮助，想和丈夫一起创业经营一家修车铺。

有"小巷总理"之称的俞复玲帮助"面条女孩"站起来的故事，广为人知。如今，邱一楠遇到的新挑战，正是俞复玲学习十九大精神后给自己布置的新任务。

俞复玲告诉记者，党建引领社区发展，要落实到每一个党员。对于曾经帮助过邱一楠等残障人士的"梦工坊"，俞复玲准备"升级"，在之前主要提供简单技能培训的基础上，通过寻求爱心人士的帮助，在近期开设手工肥皂工厂，为残障人士争取更好的经济收入和成就感，也为像邱一楠一样有创业想法的残障人士寻求更多的机会。

模拟家庭、七彩文化……内蒙古呼和浩特市儿童福利院为众多孤儿点亮了一盏人生的小桔灯。

"虽然同时照顾4个残疾孩子很辛苦，但是每当听到孩子叫一声妈妈，我就觉得自己的辛苦值。"在呼和浩特市儿童福利院"模拟家庭"里，正在照顾孩子的景凤英说。

呼和浩特市儿童福利院共收养孤儿200多名，这些孩子大多患有先天残疾。为了让他们感受到父母的温暖与关怀，福利院组建了"模拟家庭"，每个家庭都由一对真正的夫妻和孩子组成，每一户都有独立的生活空间。

56岁的景凤英是"模拟家庭"妈妈。她告诉记者，这些年来她照顾了十七八个孩子，其中7个孩子被人领养。

全面奔小康，一个都不能掉队。为此，福利院着重打造了"大手牵小手，永远跟党走"的党建文化主题和"彩虹文化"品牌，树立了养育、治疗、教育、康复和安置"五位一体"的教育服务理念，让孩子们健康快乐地成长。

"党建+"铺就致富路

"一人富不算富，作为党员，得带动大家一起富。"孟克巴雅尔告诉记者，智慧党建让他"一起富"的愿望"上了台阶"。

鄂托克前旗是一个牧业旗，地广人稀，如何对农牧户提供高效便捷的服务成为难题。对此，鄂托克前旗实施网格化为基础的智慧党建工程，从农牧民（居民）党员中选出党员中心户，实现了"嘎查村（社区）有网格、网格有党员中心户、党员中心户联党员群众"，把党建工作融入经济社会发展主战场。

像孟克巴雅尔这样的"党员中心户"，鄂托克前旗有500余名，通过手机等终端在旗智慧党建平台上在线办公。在跟记者聊天的工夫，孟克巴雅尔的手机"网格成员微信群"弹出了一户牧民寻找到买家的信息。在此前一天，这位牧户发出"卖牛"信息，孟克巴雅尔在自己的微信群里转发了信息。不到一天，这位牧户就找到了买家。

2013年，孟克巴雅尔创立"牧家乐"，年纯收入20多万元。如今，他将牧家乐打造成集"种、收、销"为一体的平台，发展牧民合作社；创新"党员中心户＋协会"的工作模式，带领牧民实现了持续增收。

火车跑得快，全靠车头带。通过党建发挥致富引领作用，"党员做给群众看，群众跟着党员干"的致富氛围越来越浓厚。

初冬时节，浙江省嘉善县姚庄镇横港村，河水清清，村道洁净如新，百姓安居乐业。谁能想到，4年前的横港村，还是一个经济相对薄弱的养猪村，低小散企业围绕在村子周围，看上去乱糟糟。

横港村党支部书记张林上任后，以党支部带头、党员示范为抓手，开展生猪退养，腾退低小散企业，建起了一座350亩的农业转型升级示范园。"示范园专门辟出一片扶贫专属区，所得收益惠及全村42名残疾人和13个困难家庭。村民们的钱袋子也逐渐鼓起来。"

家园美丽了，老百姓富裕了。通过"党建＋"带动绿色发展的强村富民产业，正在嘉善蓬勃发展。

新华社北京12月9日电

附录

中国共产党章程

(中国共产党第十九次全国代表大会部分修改,2017年10月24日通过)

总纲

中国共产党是中国工人阶级的先锋队,同时是中国人民和中华民族的先锋队,是中国特色社会主义事业的领导核心,代表中国先进生产力的发展要求,代表中国先进文化的前进方向,代表中国最广大人民的根本利益。党的最高理想和最终目标是实现共产主义。

中国共产党以马克思列宁主义、毛泽东思想、邓小平理论、"三个代表"重要思想、科学发展观、习近平新时代中国特色社会主义思想作为自己的行动指南。

马克思列宁主义揭示了人类社会历史发展的规律,它的基本原理是正确的,具有强大的生命力。中国共产党人追求的共产主义最高理想,只有在社会主义社会充分发展和高度发达的基础上才能实现。社会主义制度的发展和完善是一个长期的历史过程。坚持马克思列宁主义的基本原理,走中国人民自愿选择的适合中国国情的道路,中国的社会主义事业必将取得最终的胜利。

以毛泽东同志为主要代表的中国共产党人,把马克思列宁主义的基本原理同中国革命的具体实践结合起来,创立了毛泽东思想。毛泽东思想是马克思列宁主义在中国的运用和发展,是被实践证明了的关于中国革命和建设的正确的理论原则和经验总结,是中国共产党集体智慧的结晶。在毛泽东思想指引下,中国共产党领导全国各族人民,经过长期的反对帝国主义、封建主义、官僚资本主义的革命斗争,取得了新民主主义革命的胜利,建立了人民民主专政的中华人民共和国;新中国成立以后,顺利地进行了社会主义改造,完成了从新民主主义到社会主义的过渡,确立了社会主义基本制度,发展了社会主义的经济、政治和文化。

十一届三中全会以来,以邓小平同志为主要代表的中国共产党人,总结新中国成立以来正反两方面的经验,解放思想,实事求是,实现全党工作中心向经济建设的转移,实行改革开放,开辟了社会主义事业发展的新时期,逐步形成了建设中国特色社会主义的路线、方针、政策,阐明了在中国建设社会主义、巩固和发展社会主义的基本问题,创立了邓小平理论。邓小平理论是马克思列宁主义的基本原理同当代中国实践和时代特征相结合的产物,是毛泽东思想在新的历史条件下的继承和发展,是马克思主义在中国发展的新阶段,是当代中国的马克思主义,是中国共产党集体智慧的结晶,引导着我国社会主义现代化事业不断前进。

十三届四中全会以来,以江泽民同志为主要代表的中国共产党人,在建设中国特色社会主义的实践中,加深了对什么是社会主义、怎样建设社会主义和建设什么样的党、怎样建设党的认识,积累了治党治国新的宝贵经验,形成了"三个代表"重要思想。"三个代表"重要思想是对马克思列宁主义、毛泽东思想、邓小平理论的继承和发展,反映了当代世界和中国的发展变化对党和国家工作的新要求,是加强和改进党的建设、推进我国社会主义自我完善和发展的强大理论武器,是中国共产党集体智慧的结晶,是党必须长期坚持的指导思想。始终做到"三个代表",是我们党的立党之本、执政之基、力量之源。

十六大以来,以胡锦涛同志为主要代表的中国共产党人,坚持以邓小平理论和"三个代表"重要思想为指导,根据新的发展要求,深刻认识和回答了新形势下实现什么样的发展、怎样发展等重大问题,形成了以人为本、全面协调可持续发展的科学发展观。科学发展观是同马克思列宁主义、毛泽东思想、邓小平理论、"三个代表"重要思想既一脉相承又与时俱进的科学理论,是马克思主义关于发展的世界观和方法论的集中体现,是马克思主义中国化重大成果,是中国共产党集体智慧的结晶,是发展中国特色社会主义必须长期坚持的指导思想。

十八大以来,以习近平同志为主要代表的中国共产党人,顺应时代发展,从理论和实践结合上系统回答了新时代坚持和发展什么样的中国特色社会主义、怎样坚持和发展中国特色社会主义这个重大时代课题,创立了习近平新时代中国特色社会主义思想。习近平新时代中国特色社会主义思想是对马克思列宁主义、毛泽东思想、邓小平理论、"三个代表"重要思想、科学发展观的继承和发展,是马克思主义中国化最新成果,是党和人民实践经验和集体智慧的结晶,是中国特色社会主义理论体系的重要组成部分,是全党全国人民为实现中华民族伟大复兴而奋斗的行动指南,必须长期坚持并不断发展。在习近平新时代中国特色社会主义思想指导下,中国共产党领导全国各族人民,统揽伟大斗争、伟大工程、伟大事业、伟大梦想,推动中国特色社会主义进入了新时代。

改革开放以来我们取得一切成绩和进步的根本原因,归结起来就是:开辟了中国特色社会主义道路,形成了中国特色社会主义理论体系,确立了中国特色社会主义制度,发展了中国特色社会主义文化。全党同志要倍加珍惜、长期坚持和不断发展党历经艰辛开创的这条道路、这个理论体系、这个制度、这个文化,高举中国特色社会主义伟大旗帜,坚定道路自信、理论自信、制度自信、文化自信,贯彻党的基本理论、基本路线、基本方略,为实现推进现代化建设、完成祖国统一、维护世界和平与促进共同发展这三大历史任务,实现"两个一百年"奋斗目标、实现中华民族伟大复兴的中国梦而奋斗。

我国正处于并将长期处于社会主义初级阶段。这是在原本经济文化落后的中国建设社会主义现代化不可逾越的历史阶段，需要上百年的时间。我国的社会主义建设，必须从我国的国情出发，走中国特色社会主义道路。在现阶段，我国社会的主要矛盾是人民日益增长的美好生活需要和不平衡不充分的发展之间的矛盾。由于国内的因素和国际的影响，阶级斗争还在一定范围内长期存在，在某种条件下还有可能激化，但已经不是主要矛盾。我国社会主义建设的根本任务，是进一步解放生产力，发展生产力，逐步实现社会主义现代化，并且为此而改革生产关系和上层建筑中不适应生产力发展的方面和环节。必须坚持和完善公有制为主体、多种所有制经济共同发展的基本经济制度，坚持和完善按劳分配为主体、多种分配方式并存的分配制度，鼓励一部分地区和一部分人先富起来，逐步消灭贫穷，达到共同富裕，在生产发展和社会财富增长的基础上不断满足人民日益增长的美好生活需要，促进人的全面发展。发展是我们党执政兴国的第一要务。必须坚持以人民为中心的发展思想，坚持创新、协调、绿色、开放、共享的发展理念。各项工作都要把有利于发展社会主义社会的生产力，有利于增强社会主义国家的综合国力，有利于提高人民的生活水平，作为总的出发点和检验标准，尊重劳动、尊重知识、尊重人才、尊重创造，做到发展为了人民、发展依靠人民、发展成果由人民共享。跨入新世纪，我国进入全面建设小康社会、加快推进社会主义现代化的新的发展阶段。必须按照中国特色社会主义事业"五位一体"总体布局和"四个全面"战略布局，统筹推进经济建设、政治建设、文化建设、社会建设、生态文明建设，协调推进全面建成小康社会、全面深化改革、全面依法治国、全面从严治党。在新世纪新时代，经济和社会发展的战略目标是，到建党一百年时，全面建成小康社会；到新中国成立一百年时，全面建成社会主义现代化强国。

中国共产党在社会主义初级阶段的基本路线是：领导和团结全国各族人民，以经济建设为中心，坚持四项基本原则，坚持改革开放，自力更生，艰苦创业，为把我国建设成为富强民主文明和谐美丽的社会主义现代化强国而奋斗。

中国共产党在领导社会主义事业中，必须坚持以经济建设为中心，其他各项工作都服从和服务于这个中心。要实施科教兴国战略、人才强国战略、创新驱动发展战略、乡村振兴战略、区域协调发展战略、可持续发展战略、军民融合发展战略，充分发挥科学技术作为第一生产力的作用，充分发挥创新作为引领发展第一动力的作用，依靠科技进步，提高劳动者素质，促进国民经济更高质量、更有效率、更加公平、更可持续发展。

坚持社会主义道路、坚持人民民主专政、坚持中国共产党的领导、坚持马克思列宁主义毛泽东思想这四项基本原则，是我们的立国之本。在社会主义现代化建设的整个过程中，必须坚持四项基本原则，反对资产阶级自由化。

坚持改革开放，是我们的强国之路。只有改革开放，才能发展中国、发展社会主义、发展马克思主义。要全面深化改革，完善和发展中国特色社会主义制度，推进国家治理体系和治理能力现代化。要从根本上改革束缚生产力发展的经济体制，坚持和完善社会主义市场经济体制；与此相适应，要进行政治体制改革和其他领域的改革。要坚持对外开放的基本国策，吸收和借鉴人类社会创造的一切文明成果。改革开放应当大胆探索，勇于开拓，提高改革决策的科学性，更加注重改革的系统性、整体性、协同性，在实践中开创新路。

中国共产党领导人民发展社会主义市场经济。毫不动摇地巩固和发展公有制经济，毫不动摇地鼓励、支持、引导非公有制经济发展。发挥市场在资源配置中的决定性作用，更好发挥政府作用，建立完善的宏观调控体系。统筹城乡发展、区域发展、经济社会发展、人与自然和谐发展、国内发展和对外开放，调整经济结构，转变经济发展方式，推进供给侧结构性改革。促进新型工业化、信息化、城镇化、农业现代化同步发展，建设社会主义新农村，走中国特色新型工业化道路，建设创新型国家和世界科技强国。

中国共产党领导人民发展社会主义民主政治。坚持党的领导、人民当家作主、依法治国有机统一，走中国特色社会主义政治发展道路，扩大社会主义民主，建设中国特色社会主义法治体系，建设社会主义法治国家，巩固人民民主专政，建设社会主义政治文明。坚持和完善人民代表大会制度、中国共产党领导的多党合作和政治协商制度、民族区域自治制度以及基层群众自治制度。发展更加广泛、更加充分、更加健全的人民民主，推进协商民主广泛、多层、制度化发展，切实保障人民管理国家事务和社会事务、管理经济和文化事业的权利。尊重和保障人权。广开言路，建立健全民主选举、民主决策、民主管理、民主监督的制度和程序。完善中国特色社会主义法律体系，加强法律实施工作，实现国家各项工作法治化。

中国共产党领导人民发展社会主义先进文化。建设社会主义精神文明，实行依法治国和以德治国相结合，提高全民族的思想道德素质和科学文化素质，为改革开放和社会主义现代化建设提供强大的思想保证、精神动力和智力支持，建设社会主义文化强国。加强社会主义核心价值体系建设，坚持马克思主义指导思想，树立中国特色社会主义共同理想，弘扬以爱国主义为核心的民族精神和以改革创新为核心的时代精神，培育和践行社会主义核心价值观，倡导社会主义荣辱观，增强民族自尊、自信和自强精神，抵御资本主义和封建主义腐朽思想的侵蚀，扫除各种社会丑恶现象，努力使我国人民成为有理想、有道德、有文化、有纪律的人民。对党员要进行共产主义远大理想教育。大力发展教育、科学、文化事业，推动中华优秀传统文化创造性转化、创新性发展，继承革命文化，发展社会主义先进文化，提高国家文化软实力。牢牢掌握意识形态工作领导权，不断巩固马克思主义在意识形态领域的指导地位，巩固全党全国人民团结奋斗的共同思想基础。

中国共产党领导人民构建社会主义和谐社会。按照民主法治、公平正义、诚信友爱、充满活力、安定有序、人与自然和谐相处的总要求和共同建设、共同享有的原则，以保障和改善民生为重点，解决好人民最关心、最直接、最现实的利益问题，使发展成果更多更公平惠及全体人民，不断增强人民群众获得感，努力形成全体人民各尽其能、各得其所而又和谐相处的局面。加强和创新社会治理。严格区分和正确处理敌我矛盾和人民内部矛盾这两类不同性质的矛盾。加强社会治安综合治理，依法坚决打击各种危害国家安全和利益、危害社会稳定和经济发展的犯罪活动和犯罪分子，保持社会长期稳定。坚持总体国家安全观，坚决维护国家主权、安全、发展利益。

中国共产党领导人民建设社会主义生态文明。树立尊重自然、顺应自然、保护自然的生态文明理念，增强绿水青山就是金山银山的意识，坚持节约资源和保护环境的基本国策，坚持节约优先、保护优先、自然恢复为主的方针，坚持生产发展、生活富裕、生态良好的文明发展道路。着力建设资源节约型、环境友好型社会，实行最严格的生态环境保护制度，形成节约资源和保护环境的空间格局、产业结构、生产方式、生活方式，为人民创造良好生产生活环境，实现中华民族永续发展。

中国共产党坚持对人民解放军和其他人民武装力量的绝对领导，贯彻习近平强军思想，加强人民解放军的建设，坚持政治建军、改革强军、科技兴军、依法治军，建设一支听党指挥、能打胜仗、作风优良的人民军队，切实保证人民解放军有效履行新时代军队使命任务，充分发挥人民解放军在巩固国防、保卫祖国和参加社会主义现代化建设中的作用。

中国共产党维护和发展平等团结互助和谐的社会主义民族关系，积极培养、选拔少数民族干部，帮助少数民族和民族地区发展经济、文化和社会事业，铸牢中华民族共同体意识，实现各民族共同团结奋斗、共同繁荣发展。全面贯彻党的宗教工作基本方针，团结信教群众为经济社会发展作贡献。

中国共产党同全国各民族工人、农民、知识分子团结在一起，同各民主党派、无党派人士、各民族的爱国力量团结在一起，进一步发展和壮大由全体社会主义劳动者、社会主义事业的建设者、拥护社会主义的爱国者、拥护祖国统一和致力于中华民族伟大复兴的爱国者组成的最广泛的爱国统一战线。不断加强全国人民包括香港特别行政区同胞、澳门特别行政区同胞、台湾同胞和海外侨胞的团结。按照"一个国家、两种制度"的方针,促进香港、澳门长期繁荣稳定,完成祖国统一大业。

中国共产党坚持独立自主的和平外交政策,坚持和平发展道路,坚持互利共赢的开放战略,统筹国内国际两个大局,积极发展对外关系,努力为我国的改革开放和现代化建设争取有利的国际环境。在国际事务中,坚持正确义利观,维护我国的独立和主权,反对霸权主义和强权政治,维护世界和平,促进人类进步,推动构建人类命运共同体,推动建设持久和平、共同繁荣的和谐世界。在互相尊重主权和领土完整、互不侵犯、互不干涉内政、平等互利、和平共处五项原则的基础上,发展我国同世界各国的关系。不断发展我国同周边国家的睦邻友好关系,加强同发展中国家的团结与合作。遵循共商共建共享原则,推进"一带一路"建设。按照独立自主、完全平等、互相尊重、互不干涉内部事务的原则,发展我党同各国共产党和其他政党的关系。

中国共产党要领导全国各族人民实现"两个一百年"奋斗目标、实现中华民族伟大复兴的中国梦,必须紧密围绕党的基本路线,坚持党要管党、全面从严治党,加强党的长期执政能力建设、先进性和纯洁性建设,以改革创新精神全面推进党的建设新的伟大工程,以党的政治建设为统领,全面推进党的政治建设、思想建设、组织建设、作风建设、纪律建设,把制度建设贯穿其中,深入推进反腐败斗争,全面提高党的建设科学化水平。坚持立党为公、执政为民,发扬党的优良传统和作风,不断提高党的领导水平和执政水平,提高拒腐防变和抵御风险的能力,不断增强自我净化、自我完善、自我革新、自我提高能力,不断增强党的阶级基础和扩大党的群众基础,不断提高党的创造力、凝聚力、战斗力,建设学习型、服务型、创新型的马克思主义执政党，使我们党始终走在时代前列，成为领导全国人民沿着中国特色社会主义道路不断前进的坚强核心。党的建设必须坚决实现以下五项基本要求：

第一，坚持党的基本路线。全党要用邓小平理论、"三个代表"重要思想、科学发展观、习近平新时代中国特色社会主义思想和党的基本路线统一思想，统一行动，并且毫不动摇地长期坚持下去。必须把改革开放同四项基本原则统一起来，全面落实党的基本路线，反对一切"左"的和右的错误倾向，要警惕右，但主要是防止"左"。加强各级领导班子建设，培养选拔党和人民需要的好干部，培养和造就千百万社会主义事业接班人，从组织上保证党的基本理论、基本路线、基本方略的贯彻落实。

第二，坚持解放思想，实事求是，与时俱进，求真务实。党的思想路线是一切从实际出发，理论联系实际，实事求是，在实践中检验真理和发展真理。全党必须坚持这条思想路线，积极探索，大胆试验，开拓创新，创造性地开展工作，不断研究新情况，总结新经验，解决新问题，在实践中丰富和发展马克思主义，推进马克思主义中国化。

第三，坚持全心全意为人民服务。党除了工人阶级和最广大人民群众的利益，没有自己特殊的利益。党在任何时候都把群众利益放在第一位，同群众同甘共苦，保持最密切的联系，坚持权为民所用、情为民所系、利为民所谋，不允许任何党员脱离群众，凌驾于群众之上。我们党的最大政治优势是密切联系群众，党执政后的最大危险是脱离群众。党风问题、党同人民群众联系问题是关系党生死存亡的问题。党在自己的工作中实行群众路线，一切为了群众，一切依靠群众，从群众中来，到群众中去，把党的正确主张变为群众的自觉行动。

第四，坚持民主集中制。民主集中制是民主基础上的集中和集中指导下的民主相结合。它既是党的根本组织原则，也是群众路线在党的生活中的运用。必须充分发扬党内民主，尊重党员主体地位，保障党员民主权利，发挥各级党组织和广大党员的积极性创造性。必须实行正确的集中，牢固树立政治意识、大局意识、核心意识、看齐意识，坚定维护以习近平同志为核心的党中央权威和集中统一领导，保证全党的团结统一和行动一致，保证党的决定得到迅速有效的贯彻执行。加强和规范党内政治生活，增强党内政治生活的政治性、时代性、原则性、战斗性，发展积极健康的党内政治文化，营造风清气正的良好政治生态。党在自己的政治生活中正确地开展批评和自我批评，在原则问题上进行思想斗争，坚持真理，修正错误。努力造成又有集中又有民主，又有纪律又有自由，又有统一意志又有个人心情舒畅生动活泼的政治局面。

第五，坚持从严管党治党。全面从严治党永远在路上。新形势下，党面临的执政考验、改革开放考验、市场经济考验、外部环境考验是长期的、复杂的、严峻的，精神懈怠危险、能力不足危险、脱离群众危险、消极腐败危险更加尖锐地摆在全党面前。要把严的标准、严的措施贯穿于管党治党全过程和各方面。坚持依规治党、标本兼治，坚持把纪律挺在前面，加强组织性纪律性，在党的纪律面前人人平等。强化管党治党主体责任和监督责任，加强对党的领导机关和党员领导干部特别是主要领导干部的监督，不断完善党内监督体系。深入推进党风廉政建设和反腐败斗争，以零容忍态度惩治腐败，构建不敢腐、不能腐、不想腐的有效机制。

中国共产党的领导是中国特色社会主义最本质的特征，是中国特色社会主义制度的最大优势。党政军民学，东西南北中，党是领导一切的。党要适应改革开放和社会主义现代化建设的要求，坚持科学执政、民主执政、依法执政，加强和改善党的领导。党必须按照总揽全局、协调各方的原则，在同级各种组织中发挥领导核心作用。党必须集中精力领导经济建设，组织、协调各方面的力量，同心协力，围绕经济建设开展工作，促进经济社会全面发展。党必须实行民主的科学的决策，制定和执行正确的路线、方针、政策，做好党的组织工作和宣传教育工作，发挥全体党员的先锋模范作用。党必须在宪法和法律的范围内活动。党必须保证国家的立法、司法、行政、监察机关,经济、文化组织和人民团体积极主动地、独立负责地、协调一致地工作。党必须加强对工会、共产主义青年团、妇女联合会等群团组织的领导,使它们保持和增强政治性、先进性、群众性,充分发挥作用。党必须适应形势的发展和情况的变化,完善领导体制,改进领导方式,增强执政能力。共产党员必须同党外群众亲密合作,共同为建设中国特色社会主义而奋斗。

第一章 党员

第一条 年满十八岁的中国工人、农民、军人、知识分子和其他社会阶层的先进分子,承认党的纲领和章程,愿意参加党的一个组织并在其中积极工作、执行党的决议和按期交纳党费的,可以申请加入中国共产党。

第二条 中国共产党党员是中国工人阶级的有共产主义觉悟的先锋战士。

中国共产党党员必须全心全意为人民服务,不惜牺牲个人的一切,为实现共产主义奋斗终身。

中国共产党党员永远是劳动人民的普通一员。除了法律和政策规定范围内的个人利益和工作职权以外,所有共产党员都不得谋求任何私利和特权。

第三条 党员必须履行下列义务:

(一)认真学习马克思列宁主义、毛泽东思想、邓小平理论、"三个代表"重要思想、科学发展观、习近平新时代中国特色社会主义思想,学习党的路线、方针、政策和决议,学习党的基本知识,学习科学、文化、法律和业务知识,努力提高为人民服务的本领。

(二)贯彻执行党的基本路线和各项方针、政策,带头参加改革开放和社会主义现代化建设,带动群众为经济发展和社会进步艰苦奋斗,在生产、工作、学习和社会生活中起先锋模范作用。

（三）坚持党和人民的利益高于一切，个人利益服从党和人民的利益，吃苦在前，享受在后，克己奉公，多做贡献。

（四）自觉遵守党的纪律，首先是党的政治纪律和政治规矩，模范遵守国家的法律法规，严格保守党和国家的秘密，执行党的决定，服从组织分配，积极完成党的任务。

（五）维护党的团结和统一，对党忠诚老实，言行一致，坚决反对一切派别组织和小集团活动，反对阳奉阴违的两面派行为和一切阴谋诡计。

（六）切实开展批评和自我批评，勇于揭露和纠正违反党的原则的言行和工作中的缺点、错误，坚决同消极腐败现象作斗争。

（七）密切联系群众，向群众宣传党的主张，遇事同群众商量，及时向党反映群众的意见和要求，维护群众的正当利益。

（八）发扬社会主义新风尚，带头实践社会主义核心价值观和社会主义荣辱观，提倡共产主义道德，弘扬中华民族传统美德，为了保护国家和人民的利益，在一切困难和危险的时刻挺身而出，英勇斗争，不怕牺牲。

第四条 党员享有下列权利：

（一）参加党的有关会议，阅读党的有关文件，接受党的教育和培训。

（二）在党的会议上和党报党刊上，参加关于党的政策问题的讨论。

（三）对党的工作提出建议和倡议。

（四）在党的会议上有根据地批评党的任何组织和任何党员，向党负责地揭发、检举党的任何组织和任何党员违法乱纪的事实，要求处分违法乱纪的党员，要求罢免或撤换不称职的干部。

（五）行使表决权、选举权，有被选举权。

（六）在党组织讨论决定对党员的党纪处分或作出鉴定时，本人有权参加和进行申辩，其他党员可以为他作证和辩护。

（七）对党的决议和政策如有不同意见，在坚决执行的前提下，可以声明保留,并且可以把自己的意见向党的上级组织直至中央提出。

(八)向党的上级组织直至中央提出请求、申诉和控告,并要求有关组织给以负责的答复。

党的任何一级组织直至中央都无权剥夺党员的上述权利。

第五条 发展党员,必须把政治标准放在首位,经过党的支部,坚持个别吸收的原则。

申请入党的人,要填写入党志愿书,要有两名正式党员作介绍人,要经过支部大会通过和上级党组织批准,并且经过预备期的考察,才能成为正式党员。

介绍人要认真了解申请人的思想、品质、经历和工作表现,向他解释党的纲领和党的章程,说明党员的条件、义务和权利,并向党组织作出负责的报告。

党的支部委员会对申请入党的人,要注意征求党内外有关群众的意见,进行严格的审查,认为合格后再提交支部大会讨论。

上级党组织在批准申请人入党以前,要派人同他谈话,作进一步的了解,并帮助他提高对党的认识。

在特殊情况下,党的中央和省、自治区、直辖市委员会可以直接接收党员。

第六条 预备党员必须面向党旗进行入党宣誓。誓词如下:我志愿加入中国共产党,拥护党的纲领,遵守党的章程,履行党员义务,执行党的决定,严守党的纪律,保守党的秘密,对党忠诚,积极工作,为共产主义奋斗终身,随时准备为党和人民牺牲一切,永不叛党。

第七条 预备党员的预备期为一年。党组织对预备党员应当认真教育和考察。

预备党员的义务同正式党员一样。预备党员的权利,除了没有表决权、选举权和被选举权以外,也同正式党员一样。

预备党员预备期满,党的支部应当及时讨论他能否转为正式党员。认真履行党员义务,具备党员条件的,应当按期转为正式党员;需要继续考察和教育的，可以延长预备期，但不能超过一年；不履行党员义务，不具备党员条件的，应当取消预备党员资格。预备党员转为正式党员，或延长预备期，或取消预备党员资格，都应当经支部大会讨论通过和上级党组织批准。

预备党员的预备期，从支部大会通过他为预备党员之日算起。党员的党龄，从预备期满转为正式党员之日算起。

第八条　每个党员，不论职务高低，都必须编入党的一个支部、小组或其他特定组织，参加党的组织生活，接受党内外群众的监督。党员领导干部还必须参加党委、党组的民主生活会。不允许有任何不参加党的组织生活、不接受党内外群众监督的特殊党员。

第九条　党员有退党的自由。党员要求退党，应当经支部大会讨论后宣布除名，并报上级党组织备案。

党员缺乏革命意志，不履行党员义务，不符合党员条件，党的支部应当对他进行教育，要求他限期改正；经教育仍无转变的，应当劝他退党。劝党员退党，应当经支部大会讨论决定，并报上级党组织批准。如被劝告退党的党员坚持不退，应当提交支部大会讨论，决定把他除名，并报上级党组织批准。

党员如果没有正当理由，连续六个月不参加党的组织生活，或不交纳党费，或不做党所分配的工作，就被认为是自行脱党。支部大会应当决定把这样的党员除名，并报上级党组织批准。

第二章　党的组织制度

第十条　党是根据自己的纲领和章程，按照民主集中制组织起来的统一整体。党的民主集中制的基本原则是：

（一）党员个人服从党的组织，少数服从多数，下级组织服从上级组织，全党各个组织和全体党员服从党的全国代表大会和中央委员会。

（二）党的各级领导机关，除它们派出的代表机关和在非党组织中的党组外,都由选举产生。

(三)党的最高领导机关,是党的全国代表大会和它所产生的中央委员会。党的地方各级领导机关,是党的地方各级代表大会和它们所产生的委员会。党的各级委员会向同级的代表大会负责并报告工作。

(四)党的上级组织要经常听取下级组织和党员群众的意见,及时解决他们提出的问题。党的下级组织既要向上级组织请示和报告工作,又要独立负责地解决自己职责范围内的问题。上下级组织之间要互通情报、互相支持和互相监督。党的各级组织要按规定实行党务公开,使党员对党内事务有更多的了解和参与。

(五)党的各级委员会实行集体领导和个人分工负责相结合的制度。凡属重大问题都要按照集体领导、民主集中、个别酝酿、会议决定的原则,由党的委员会集体讨论,作出决定;委员会成员要根据集体的决定和分工,切实履行自己的职责。

(六)党禁止任何形式的个人崇拜。要保证党的领导人的活动处于党和人民的监督之下,同时维护一切代表党和人民利益的领导人的威信。

第十一条 党的各级代表大会的代表和委员会的产生,要体现选举人的意志。选举采用无记名投票的方式。候选人名单要由党组织和选举人充分酝酿讨论。可以直接采用候选人数多于应选人数的差额选举办法进行正式选举。也可以先采用差额选举办法进行预选,产生候选人名单,然后进行正式选举。选举人有了解候选人情况、要求改变候选人、不选任何一个候选人和另选他人的权利。任何组织和个人不得以任何方式强迫选举人选举或不选举某个人。

党的地方各级代表大会和基层代表大会的选举,如果发生违反党章的情况,上一级党的委员会在调查核实后,应作出选举无效和采取相应措施的决定,并报再上一级党的委员会审查批准,正式宣布执行。

党的各级代表大会代表实行任期制。

第十二条 党的中央和地方各级委员会在必要时召集代表会议,

讨论和决定需要及时解决的重大问题。代表会议代表的名额和产生办法，由召集代表会议的委员会决定。

第十三条 凡是成立党的新组织，或是撤销党的原有组织，必须由上级党组织决定。

在党的地方各级代表大会和基层代表大会闭会期间，上级党的组织认为有必要时，可以调动或者指派下级党组织的负责人。

党的中央和地方各级委员会可以派出代表机关。

第十四条 党的中央和省、自治区、直辖市委员会实行巡视制度，在一届任期内，对所管理的地方、部门、企事业单位党组织实现巡视全覆盖。

中央有关部委和国家机关部门党组（党委）根据工作需要，开展巡视工作。

党的市（地、州、盟）和县（市、区、旗）委员会建立巡察制度。

第十五条 党的各级领导机关，对同下级组织有关的重要问题作出决定时，在通常情况下，要征求下级组织的意见。要保证下级组织能够正常行使他们的职权。凡属应由下级组织处理的问题，如无特殊情况，上级领导机关不要干预。

第十六条 有关全国性的重大政策问题，只有党中央有权作出决定，各部门、各地方的党组织可以向中央提出建议，但不得擅自作出决定和对外发表主张。

党的下级组织必须坚决执行上级组织的决定。下级组织如果认为上级组织的决定不符合本地区、本部门的实际情况，可以请求改变；如果上级组织坚持原决定，下级组织必须执行，并不得公开发表不同意见，但有权向再上一级组织报告。

党的各级组织的报刊和其他宣传工具，必须宣传党的路线、方针、政策和决议。

第十七条 党组织讨论决定问题，必须执行少数服从多数的原则。决定重要问题，要进行表决。对于少数人的不同意见，应当认真考虑。

如对重要问题发生争论，双方人数接近，除了在紧急情况下必须按多数意见执行外，应当暂缓作出决定，进一步调查研究，交换意见，下次再表决；在特殊情况下，也可将争论情况向上级组织报告，请求裁决。

党员个人代表党组织发表重要主张，如果超出党组织已有决定的范围，必须提交所在的党组织讨论决定，或向上级党组织请示。任何党员不论职务高低，都不能个人决定重大问题；如遇紧急情况，必须由个人作出决定时，事后要迅速向党组织报告。不允许任何领导人实行个人专断和把个人凌驾于组织之上。

第十八条　党的中央、地方和基层组织，都必须重视党的建设，经常讨论和检查党的宣传工作、教育工作、组织工作、纪律检查工作、群众工作、统一战线工作等，注意研究党内外的思想政治状况。

第三章　党的中央组织

第十九条　党的全国代表大会每五年举行一次，由中央委员会召集。中央委员会认为有必要，或者有三分之一以上的省一级组织提出要求，全国代表大会可以提前举行；如无非常情况，不得延期举行。

全国代表大会代表的名额和选举办法，由中央委员会决定。

第二十条　党的全国代表大会的职权是：

（一）听取和审查中央委员会的报告；

（二）审查中央纪律检查委员会的报告；

（三）讨论并决定党的重大问题；

（四）修改党的章程；

（五）选举中央委员会；

（六）选举中央纪律检查委员会。

第二十一条　党的全国代表会议的职权是：讨论和决定重大问题；调整和增选中央委员会、中央纪律检查委员会的部分成员。调整和增选中央委员及候补中央委员的数额，不得超过党的全国代表大会选出的中央委员及候补中央委员各自总数的五分之一。

第二十二条 党的中央委员会每届任期五年。全国代表大会如提前或延期举行,它的任期相应地改变。中央委员会委员和候补委员必须有五年以上的党龄。中央委员会委员和候补委员的名额,由全国代表大会决定。中央委员会委员出缺,由中央委员会候补委员按照得票多少依次递补。

中央委员会全体会议由中央政治局召集,每年至少举行一次。中央政治局向中央委员会全体会议报告工作,接受监督。

在全国代表大会闭会期间,中央委员会执行全国代表大会的决议,领导党的全部工作,对外代表中国共产党。

第二十三条 党的中央政治局、中央政治局常务委员会和中央委员会总书记,由中央委员会全体会议选举。中央委员会总书记必须从中央政治局常务委员会委员中产生。

中央政治局和它的常务委员会在中央委员会全体会议闭会期间,行使中央委员会的职权。

中央书记处是中央政治局和它的常务委员会的办事机构;成员由中央政治局常务委员会提名,中央委员会全体会议通过。

中央委员会总书记负责召集中央政治局会议和中央政治局常务委员会会议,并主持中央书记处的工作。

党的中央军事委员会组成人员由中央委员会决定,中央军事委员会实行主席负责制。

每届中央委员会产生的中央领导机构和中央领导人,在下届全国代表大会开会期间,继续主持党的经常工作,直到下届中央委员会产生新的中央领导机构和中央领导人为止。

第二十四条 中国人民解放军的党组织,根据中央委员会的指示进行工作。中央军事委员会负责军队中党的工作和政治工作,对军队中党的组织体制和机构作出规定。

第四章 党的地方组织

第二十五条　党的省、自治区、直辖市的代表大会，设区的市和自治州的代表大会，县（旗）、自治县、不设区的市和市辖区的代表大会，每五年举行一次。

党的地方各级代表大会由同级党的委员会召集。在特殊情况下，经上一级委员会批准，可以提前或延期举行。

党的地方各级代表大会代表的名额和选举办法，由同级党的委员会决定，并报上一级党的委员会批准。

第二十六条　党的地方各级代表大会的职权是：

（一）听取和审查同级委员会的报告；

（二）审查同级纪律检查委员会的报告；

（三）讨论本地区范围内的重大问题并作出决议；

（四）选举同级党的委员会，选举同级党的纪律检查委员会。

第二十七条　党的省、自治区、直辖市、设区的市和自治州的委员会，每届任期五年。这些委员会的委员和候补委员必须有五年以上的党龄。

党的县（旗）、自治县、不设区的市和市辖区的委员会，每届任期五年。这些委员会的委员和候补委员必须有三年以上的党龄。

党的地方各级代表大会如提前或延期举行，由它选举的委员会的任期相应地改变。

党的地方各级委员会的委员和候补委员的名额，分别由上一级委员会决定。党的地方各级委员会委员出缺，由候补委员按照得票多少依次递补。

党的地方各级委员会全体会议，每年至少召开两次。

党的地方各级委员会在代表大会闭会期间，执行上级党组织的指示和同级党代表大会的决议，领导本地方的工作，定期向上级党的委员会报告工作。

第二十八条　党的地方各级委员会全体会议，选举常务委员会和书记、副书记，并报上级党的委员会批准。党的地方各级委员会的常务委员会，在委员会全体会议闭会期间，行使委员会职权；在下届代表大会开会期间，继续主持经常工作，直到新的常务委员会产生为止。

党的地方各级委员会的常务委员会定期向委员会全体会议报告工作，接受监督。

第二十九条 党的地区委员会和相当于地区委员会的组织，是党的省、自治区委员会在几个县、自治县、市范围内派出的代表机关。它根据省、自治区委员会的授权，领导本地区的工作。

第五章 党的基层组织

第三十条 企业、农村、机关、学校、科研院所、街道社区、社会组织、人民解放军连队和其他基层单位，凡是有正式党员三人以上的，都应当成立党的基层组织。

党的基层组织，根据工作需要和党员人数，经上级党组织批准，分别设立党的基层委员会、总支部委员会、支部委员会。基层委员会由党员大会或代表大会选举产生，总支部委员会和支部委员会由党员大会选举产生，提出委员候选人要广泛征求党员和群众的意见。

第三十一条 党的基层委员会、总支部委员会、支部委员会每届任期三年至五年。基层委员会、总支部委员会、支部委员会的书记、副书记选举产生后，应报上级党组织批准。

第三十二条 党的基层组织是党在社会基层组织中的战斗堡垒，是党的全部工作和战斗力的基础。它的基本任务是：

（一）宣传和执行党的路线、方针、政策，宣传和执行党中央、上级组织和本组织的决议，充分发挥党员的先锋模范作用，积极创先争优，团结、组织党内外的干部和群众，努力完成本单位所担负的任务。

（二）组织党员认真学习马克思列宁主义、毛泽东思想、邓小平理论、"三个代表"重要思想、科学发展观、习近平新时代中国特色社会主义思想，推进"两学一做"学习教育常态化制度化，学习党的路线、方针、政策和决议，学习党的基本知识，学习科学、文化、法律和业务知识。

（三）对党员进行教育、管理、监督和服务，提高党员素质，坚定理想信念，增强党性，严格党的组织生活，开展批评和自我批评，维护和执行党的纪律，监督党员切实履行义务，保障党员的权利不受侵犯。加强和改进流动党员管理。

（四）密切联系群众，经常了解群众对党员、党的工作的批评和意见，维护群众的正当权利和利益，做好群众的思想政治工作。

（五）充分发挥党员和群众的积极性创造性，发现、培养和推荐他们中间的优秀人才，鼓励和支持他们在改革开放和社会主义现代化建设中贡献自己的聪明才智。

（六）对要求入党的积极分子进行教育和培养，做好经常性的发展党员工作，重视在生产、工作第一线和青年中发展党员。

（七）监督党员干部和其他任何工作人员严格遵守国家法律法规，严格遵守国家的财政经济法规和人事制度，不得侵占国家、集体和群众的利益。

（八）教育党员和群众自觉抵制不良倾向，坚决同各种违纪违法行为作斗争。

第三十三条 街道、乡、镇党的基层委员会和村、社区党组织，领导本地区的工作和基层社会治理，支持和保证行政组织、经济组织和群众自治组织充分行使职权。

国有企业党委（党组）发挥领导作用，把方向、管大局、保落实，依照规定讨论和决定企业重大事项。国有企业和集体企业中党的基层组织，围绕企业生产经营开展工作。保证监督党和国家的方针、政策在本企业的贯彻执行；支持股东会、董事会、监事会和经理（厂长）依法行使职权；全心全意依靠职工群众，支持职工代表大会开展工作；参与企业重大问题的决策；加强党组织的自身建设，领导思想政治工作、精神文明建设和工会、共青团等群团组织。

非公有制经济组织中党的基层组织，贯彻党的方针政策，引导和监督企业遵守国家的法律法规,领导工会、共青团等群团组织,团结凝聚职工群众,维护各方的合法权益,促进企业健康发展。

社会组织中党的基层组织,宣传和执行党的路线、方针、政策,领导工会、共青团等群团组织,教育管理党员,引领服务群众,推动事业发展。

实行行政领导人负责制的事业单位中党的基层组织,发挥战斗堡垒作用。实行党委领导下的行政领导人负责制的事业单位中党的基层组织,对重大问题进行讨论和作出决定,同时保证行政领导人充分行使自己的职权。

各级党和国家机关中党的基层组织,协助行政负责人完成任务,改进工作,对包括行政负责人在内的每个党员进行教育、管理、监督,不领导本单位的业务工作。

第三十四条 党支部是党的基础组织,担负直接教育党员、管理党员、监督党员和组织群众、宣传群众、凝聚群众、服务群众的职责。

第六章 党的干部

第三十五条 党的干部是党的事业的骨干,是人民的公仆,要做到忠诚干净担当。党按照德才兼备、以德为先的原则选拔干部,坚持五湖四海、任人唯贤,坚持事业为上、公道正派,反对任人唯亲,努力实现干部队伍的革命化、年轻化、知识化、专业化。

党重视教育、培训、选拔、考核和监督干部,特别是培养、选拔优秀年轻干部。积极推进干部制度改革。

党重视培养、选拔女干部和少数民族干部。

第三十六条 党的各级领导干部必须信念坚定、为民服务、勤政务实、敢于担当、清正廉洁,模范地履行本章程第三条所规定的党员的各项义务,并且必须具备以下的基本条件:

(一)具有履行职责所需要的马克思列宁主义、毛泽东思想、邓小平理论、"三个代表"重要思想、科学发展观的水平,带头贯彻落实习近平新时代中国特色社会主义思想，努力用马克思主义的立场、观点、方法分析和解决实际问题，坚持讲学习、讲政治、讲正气，经得起各种风浪的考验。

（二）具有共产主义远大理想和中国特色社会主义坚定信念，坚决执行党的基本路线和各项方针、政策，立志改革开放，献身现代化事业，在社会主义建设中艰苦创业，树立正确政绩观，做出经得起实践、人民、历史检验的实绩。

（三）坚持解放思想，实事求是，与时俱进，开拓创新，认真调查研究，能够把党的方针、政策同本地区、本部门的实际相结合，卓有成效地开展工作，讲实话，办实事，求实效。

（四）有强烈的革命事业心和政治责任感，有实践经验，有胜任领导工作的组织能力、文化水平和专业知识。

（五）正确行使人民赋予的权力，坚持原则，依法办事，清正廉洁，勤政为民，以身作则，艰苦朴素，密切联系群众，坚持党的群众路线，自觉地接受党和群众的批评和监督，加强道德修养，讲党性、重品行、作表率，做到自重、自省、自警、自励，反对形式主义、官僚主义、享乐主义和奢靡之风，反对任何滥用职权、谋求私利的行为。

（六）坚持和维护党的民主集中制，有民主作风，有全局观念，善于团结同志，包括团结同自己有不同意见的同志一道工作。

第三十七条　党员干部要善于同党外干部合作共事，尊重他们，虚心学习他们的长处。

党的各级组织要善于发现和推荐有真才实学的党外干部担任领导工作，保证他们有职有权，充分发挥他们的作用。

第三十八条　党的各级领导干部，无论是由民主选举产生的，或是由领导机关任命的，他们的职务都不是终身的，都可以变动或解除。

年龄和健康状况不适宜于继续担任工作的干部，应当按照国家的规定退、离休。

第七章　党的纪律

第三十九条　党的纪律是党的各级组织和全体党员必须遵守的行为规则，是维护党的团结统一、完成党的任务的保证。党组织必须严格执行和维护党的纪律，共产党员必须自觉接受党的纪律的约束。

第四十条　党的纪律主要包括政治纪律、组织纪律、廉洁纪律、群众纪律、工作纪律、生活纪律。

坚持惩前毖后、治病救人，执纪必严、违纪必究，抓早抓小、防微杜渐，按照错误性质和情节轻重，给以批评教育直至纪律处分。运用监督执纪"四种形态"，让"红红脸、出出汗"成为常态，党纪处分、组织调整成为管党治党的重要手段，严重违纪、严重触犯刑律的党员必须开除党籍。

党内严格禁止用违反党章和国家法律的手段对待党员，严格禁止打击报复和诬告陷害。违反这些规定的组织或个人必须受到党的纪律和国家法律的追究。

第四十一条　对党员的纪律处分有五种：警告、严重警告、撤销党内职务、留党察看、开除党籍。

留党察看最长不超过两年。党员在留党察看期间没有表决权、选举权和被选举权。党员经过留党察看，确已改正错误的，应当恢复其党员的权利；坚持错误不改的，应当开除党籍。

开除党籍是党内的最高处分。各级党组织在决定或批准开除党员党籍的时候，应当全面研究有关的材料和意见，采取十分慎重的态度。

第四十二条　对党员的纪律处分，必须经过支部大会讨论决定，报党的基层委员会批准；如果涉及的问题比较重要或复杂，或给党员以开除党籍的处分，应分别不同情况，报县级或县级以上党的纪律检查委员会审查批准。在特殊情况下，县级和县级以上各级党的委员会和纪律检查委员会有权直接决定给党员以纪律处分。

对党的中央委员会委员、候补委员，给以警告、严重警告处分，由中央纪律检查委员会常务委员会审议后，报党中央批准。对地方各级党的委员会委员、候补委员，给以警告、严重警告处分，应由上一级纪律检查委员会批准，并报它的同级党的委员会备案。

对党的中央委员会和地方各级委员会的委员、候补委员，给以撤销党内职务、留党察看或开除党籍的处分，必须由本人所在的委员会全体会议三分之二以上的多数决定。在全体会议闭会期间，可以先由中央政治局和地方各级委员会常务委员会作出处理决定，待召开委员会全体会议时予以追认。对地方各级委员会委员和候补委员的上述处分，必须经过上级纪律检查委员会常务委员会审议，由这一级纪律检查委员会报同级党的委员会批准。

严重触犯刑律的中央委员会委员、候补委员，由中央政治局决定开除其党籍；严重触犯刑律的地方各级委员会委员、候补委员，由同级委员会常务委员会决定开除其党籍。

第四十三条 党组织对党员作出处分决定，应当实事求是地查清事实。处分决定所依据的事实材料和处分决定必须同本人见面，听取本人说明情况和申辩。如果本人对处分决定不服，可以提出申诉，有关党组织必须负责处理或者迅速转递，不得扣压。对于确属坚持错误意见和无理要求的人，要给以批评教育。

第四十四条 党组织如果在维护党的纪律方面失职，必须问责。

对于严重违犯党的纪律、本身又不能纠正的党组织，上一级党的委员会在查明核实后，应根据情节严重的程度，作出进行改组或予以解散的决定，并报再上一级党的委员会审查批准，正式宣布执行。

第八章　党的纪律检查机关

第四十五条 党的中央纪律检查委员会在党的中央委员会领导下进行工作。党的地方各级纪律检查委员会和基层纪律检查委员会在同级党的委员会和上级纪律检查委员会双重领导下进行工作。上级党的纪律检查委员会加强对下级纪律检查委员会的领导。

党的各级纪律检查委员会每届任期和同级党的委员会相同。

党的中央纪律检查委员会全体会议，选举常务委员会和书记、副书记，并报党的中央委员会批准。党的地方各级纪律检查委员会全体会议，选举常务委员会和书记、副书记，并由同级党的委员会通过，报上级党的委员会批准。党的基层委员会是设立纪律检查委员会，还是设立纪律检查委员，由它的上一级党组织根据具体情况决定。党的总支部委员会和支部委员会设纪律检查委员。

党的中央和地方纪律检查委员会向同级党和国家机关全面派驻党的纪律检查组。纪律检查组组长参加驻在部门党的领导组织的有关会议。他们的工作必须受到该机关党的领导组织的支持。

第四十六条 党的各级纪律检查委员会是党内监督专责机关，主要任务是：维护党的章程和其他党内法规，检查党的路线、方针、政策和决议的执行情况，协助党的委员会推进全面从严治党、加强党风建设和组织协调反腐败工作。

党的各级纪律检查委员会的职责是监督、执纪、问责，要经常对党员进行遵守纪律的教育，作出关于维护党纪的决定；对党的组织和党员领导干部履行职责、行使权力进行监督，受理处置党员群众检举举报，开展谈话提醒、约谈函询；检查和处理党的组织和党员违反党的章程和其他党内法规的比较重要或复杂的案件，决定或取消对这些案件中的党员的处分；进行问责或提出责任追究的建议；受理党员的控告和申诉；保障党员的权利。

各级纪律检查委员会要把处理特别重要或复杂的案件中的问题和处理的结果，向同级党的委员会报告。党的地方各级纪律检查委员会和基层纪律检查委员会要同时向上级纪律检查委员会报告。

各级纪律检查委员会发现同级党的委员会委员有违犯党的纪律的行为，可以先进行初步核实，如果需要立案检查的，应当在向同级党的委员会报告的同时向上一级纪律检查委员会报告；涉及常务委员的，报告上一级纪律检查委员会，由上一级纪律检查委员会进行初步核实，需要审查的,由上一级纪律检查委员会报它的同级党的委员会批准。

第四十七条 上级纪律检查委员会有权检查下级纪律检查委员会的工作,并且有权批准和改变下级纪律检查委员会对于案件所作的决定。如果所要改变的该下级纪律检查委员会的决定,已经得到它的同级党的委员会的批准,这种改变必须经过它的上一级党的委员会批准。

党的地方各级纪律检查委员会和基层纪律检查委员会如果对同级党的委员会处理案件的决定有不同意见,可以请求上一级纪律检查委员会予以复查;如果发现同级党的委员会或它的成员有违犯党的纪律的情况,在同级党的委员会不给予解决或不给予正确解决的时候,有权向上级纪律检查委员会提出申诉,请求协助处理。

第九章 党组

第四十八条 在中央和地方国家机关、人民团体、经济组织、文化组织和其他非党组织的领导机关中,可以成立党组。党组发挥领导核心作用。党组的任务,主要是负责贯彻执行党的路线、方针、政策;加强对本单位党的建设的领导,履行全面从严治党责任;讨论和决定本单位的重大问题;做好干部管理工作;讨论和决定基层党组织设置调整和发展党员、处分党员等重要事项;团结党外干部和群众,完成党和国家交给的任务;领导机关和直属单位党组织的工作。

第四十九条 党组的成员,由批准成立党组的党组织决定。党组设书记,必要时还可以设副书记。

党组必须服从批准它成立的党组织领导。

第五十条 对下属单位实行集中统一领导的国家工作部门可以建立党委,党委的产生办法、职权和工作任务,由中央另行规定。

第十章 党和共产主义青年团的关系

第五十一条 中国共产主义青年团是中国共产党领导的先进青年的群团组织,是广大青年在实践中学习中国特色社会主义和共产主义的学校，是党的助手和后备军。共青团中央委员会受党中央委员会领导。共青团的地方各级组织受同级党的委员会领导，同时受共青团上级组织领导。

第五十二条　党的各级委员会要加强对共青团的领导，注意团的干部的选拔和培训。党要坚决支持共青团根据广大青年的特点和需要，生动活泼地、富于创造性地进行工作，充分发挥团的突击队作用和联系广大青年的桥梁作用。

团的县级和县级以下各级委员会书记，企业事业单位的团委员会书记，是党员的，可以列席同级党的委员会和常务委员会的会议。

第十一章　党徽党旗

第五十三条　中国共产党党徽为镰刀和锤头组成的图案。

第五十四条　中国共产党党旗为旗面缀有金黄色党徽图案的红旗。

第五十五条　中国共产党的党徽党旗是中国共产党的象征和标志。党的各级组织和每一个党员都要维护党徽党旗的尊严。要按照规定制作和使用党徽党旗。

新华社北京 10 月 28 日电

习近平在党的十九届一中全会上的讲话

(2017年10月25日)

这次中央全会已经完成了选举产生新一届中央领导机构的任务。党和人民把历史重任交给我们,是对我们的高度信任和殷切期望。我们要不忘初心、牢记使命,恪尽职守,勤勉工作,以身许党许国、报党报国,为决胜全面建成小康社会、夺取新时代中国特色社会主义伟大胜利而奋斗。

这次全会选举我继续担任中央委员会总书记,我衷心感谢同志们的信任。我深感自己责任重大,决心同新一届中央领导集体一道,紧紧依靠全党同志,紧紧依靠全国各族人民,尽心尽力、夙夜在公,决不辜负全党同志的信任和期待。

党的十八大以来的5年,是党和国家发展进程中极不平凡的5年,改革开放和社会主义现代化建设取得了历史性成就。面对国际局势风云变幻、国内改革发展稳定任务十分繁重的形势,党中央坚定不移高举中国特色社会主义伟大旗帜,全面加强和改善党的领导,团结带领全党全国各族人民迎难而上、开拓进取,进行具有许多新的历史特点的伟大斗争,统筹推进"五位一体"总体布局、协调推进"四个全面"战略布局,出台一系列重大方针政策,推出一系列重大举措,推进一系列重大工作,战胜一系列重大挑战,解决了许多长期想解决而没有解决的难题,办成了许多过去想办而没有办成的大事,推动党和国家事业发生历史性变革,国家经济实力、科技实力、国防实力、综合国力、国际影响力和人民获得感显著提升，为党和国家事业进步发展奠定了更加坚实的基础。

党的十八大以来我们取得的重大成就和重要经验，凝结着十八届中央委员会、中央政治局、中央政治局常委会的智慧和心血。大家牢记党和人民重托，恪守职责，勤奋工作，开拓创新，在各自岗位上都作出了杰出的成绩。现在，张德江、俞正声、刘云山、王岐山、张高丽等许多同志离开了党中央领导岗位，党和人民将铭记他们作出的重大贡献。在这里，我代表十九届中央委员会，向他们致以衷心的感谢和崇高的敬意！

刚刚闭幕的党的十九大，是在全面建成小康社会决胜阶段、中国特色社会主义进入新时代的关键时期召开的一次十分重要的大会，是一次不忘初心、牢记使命、高举旗帜、团结奋进的大会。大会高举中国特色社会主义伟大旗帜，以马克思列宁主义、毛泽东思想、邓小平理论、"三个代表"重要思想、科学发展观、新时代中国特色社会主义思想为指导，分析了国际国内形势发展变化，回顾和总结了过去5年的工作和历史性变革，作出了中国特色社会主义进入了新时代、我国社会主要矛盾已经转化为人民日益增长的美好生活需要和不平衡不充分的发展之间的矛盾等重大政治论断，阐述了新时代中国共产党的历史使命，提出了新时代中国特色社会主义思想和基本方略，确定了决胜全面建成小康社会、开启全面建设社会主义现代化国家新征程的目标，对新时代推进中国特色社会主义伟大事业和党的建设新的伟大工程作出了全面部署。

大会通过的十八届中央委员会的报告，描绘了决胜全面建成小康社会、夺取新时代中国特色社会主义伟大胜利的宏伟蓝图，进一步指明了党和国家事业的前进方向，是全党全国各族人民智慧的结晶，是我们党团结带领全国各族人民在新时代坚持和发展中国特色社会主义的政治宣言和行动纲领。大会通过的中央纪律检查委员会工作报告，总结了十八届中央纪律检查委员会的工作，充分肯定了在党中央坚强领导下纪律检查工作取得的重大成绩，宣示了我们党深入推进党风廉政建设和反腐败斗争的坚强决心和坚定意志。大会通过的党章修正案，体现了党的十八大以来党的理论创新、实践创新、制度创新取得的成果，体现了党的十九大报告确立的重大理论观点和重大战略思想，对加强党的全面领导、推进全面从严治党提出了明确要求。

全面贯彻落实党的十九大精神，为实现党的十九大确定的目标任务而奋斗，是新一届中央领导集体的重大政治任务和工作主题。新时代意味着新起点新要求，新时代呼唤着新气象新作为。当前和今后一个时期，要重点抓好以下6个方面工作。

第一，全面把握中国特色社会主义进入新时代的新要求，不断提高党和国家事业发展水平。中国特色社会主义进入了新时代，这是我国发展新的历史方位。党的十八大以来，在新中国成立特别是改革开放以来取得重大成就的基础上，我国发展站到了新的历史起点上，中国特色社会主义事业进入了新的发展阶段。这表明，中国特色社会主义事业要从第一个百年奋斗目标迈向第二个百年奋斗目标，全面建成小康社会、加快推进社会主义现代化、实现中华民族伟大复兴既面临更为光明的前景，也需要我们付出更为艰巨的努力。在新时代的征程上，全党同志一定要适应新时代中国特色社会主义的发展要求，提高战略思维、创新思维、辩证思维、法治思维、底线思维能力，增强工作的原则性、系统性、预见性、创造性，更好把握国内外形势发展变化，更好贯彻党的理论和路线方针政策，更好贯彻党的十九大确定的大政方针、发展战略、政策措施，更好推进中国特色社会主义伟大事业和党的建设新的伟大工程，团结带领全国各族人民奋力谱写全面建成小康社会、全面建设社会主义现代化国家新篇章。

第二，全面贯彻新时代中国特色社会主义思想和基本方略，不断提高全党马克思主义理论水平。新时代中国特色社会主义思想和基本方略，不是从天上掉下来的，不是主观臆想出来的，而是党的十八大以来，在新中国成立特别是改革开放以来我们党推进理论创新和实践创新的基础上，全党全国各族人民进行艰辛理论探索的成果，是全党全国各族人民创新创造的智慧结晶。生活之树常青。一种理论的产生，源泉只能是丰富生动的现实生活，动力只能是解决社会矛盾和问题的现实要求。在新时代的征程上，全党同志一定要弘扬理论联系实际的学风，紧密联系党和国家事业发生的历史性变革，紧密联系中国特色社会主义进入新时代的新实际，紧密联系我国社会主要矛盾的重大变化，紧密联系"两个一百年"奋斗目标和各项任务，自觉运用理论指导实践，使各方面工作更符合客观规律、科学规律的要求，不断提高新时代坚持和发展中国特色社会主义的能力，把党的科学理论转化为万众一心推动实现"两个一百年"奋斗目标、实现中华民族伟大复兴中国梦的强大力量。

第三，全面完成决胜全面建成小康社会各项任务，不断提高社会主义现代化建设水平。决胜全面建成小康社会，为全面建成小康社会圆满收官，是当前和今后一个时期党和国家的首要任务。党的十九大进一步明确了我们党对如期全面建成小康社会的承诺。从时间看，3年多时间并不长，转瞬即过，时间紧迫，时间不等人。从要求看，全面建成小康社会要得到人民认可、经得起历史检验，必须做到实打实、不掺任何水分。从任务看，抓重点、补短板、强弱项还有不少难关要过，特别是要坚决打好防范化解重大风险、精准脱贫、污染防治的攻坚战。完成非凡之事，要有非凡之精神和行动。决胜就是冲锋号，就是总动员。在新时代的征程上，全党同志一定要按照党的十九大对经济建设、政治建设、文化建设、社会建设、生态文明建设等作出的部署，全面完成各项任务，确保如期全面建成小康社会，并在此基础上乘势而上，开启全面建设社会主义现代化国家新征程。

第四，全面推进各领域各方面改革，不断提高国家治理体系和治理能力现代化水平。事业发展出题目,深化改革做文章。党的十九大围绕党和国家事业发展新要求,对全面深化改革提出了新任务。全党同志必须牢记,改革开放是决定当代中国命运的关键一招,也是决定实现"两个一百年"奋斗目标、实现中华民族伟大复兴的关键一招;没有改革开放,就没有中国特色社会主义,就没有今天中国兴旺发达的大好局面。党的十八大之后,我们把全面深化改革纳入"四个全面"战略布局,蹄疾步稳推进各方面改革,取得了显著成效,有力推动了各项事业发展。同时,我们也要看到,事业发展没有止境,深化改革没有穷期;事业发展全面推进,呼唤着改革全面深化。这就是我讲的,改革只有进行时,没有结束时。新时代坚持和发展中国特色社会主义,根本动力仍然是全面深化改革。在新时代的征程上,全党同志一定要适应新时代中国特色社会主义事业发展进程,牢牢把握完善和发展中国特色社会主义制度、推进国家治理体系和治理能力现代化的总目标,统筹推进各领域各方面改革,不断推进理论创新、制度创新、科技创新、文化创新以及其他各方面创新,坚决破除一切不合时宜的思想观念和体制机制弊端,突破利益固化的藩篱,为决胜全面建成小康社会、开启全面建设社会主义现代化国家新征程提供强大动力。

第五,全面落实以人民为中心的发展思想,不断提高保障和改善民生水平。为人民谋幸福,是中国共产党人的初心。我们要时刻不忘这个初心,永远把人民对美好生活的向往作为奋斗目标。党的十九大对保障和改善民生作出了全面部署。我们要始终以实现好、维护好、发展好最广大人民根本利益为最高标准,带领人民创造美好生活,让改革发展成果更多更公平惠及全体人民,使人民获得感、幸福感、安全感更加充实、更有保障、更可持续,朝着实现全体人民共同富裕不断迈进。在新时代的征程上,全党同志一定要抓住人民最关心最直接最现实的利益问题,坚持把人民群众关心的事当作自己的大事,从人民群众关心的事情做起,多谋民生之利,多解民生之忧,在幼有所育、学有所教、劳有所得、病有所医、老有所养、住有所居、弱有所扶上不断取得新进展，不断促进社会公平正义，不断促进人的全面发展、全体人民共同富裕。

第六，全面推进党的建设新的伟大工程，不断提高全面从严治党水平。坚持党的领导，坚持党要管党、全面从严治党，是进行具有许多新的历史特点的伟大斗争、推进中国特色社会主义伟大事业、实现民族复兴伟大梦想的根本保证，也是我们党紧跟时代前进步伐、始终保持先进性和纯洁性的必然要求。我们党团结带领人民进行革命、建设、改革的实践都证明，什么时候我们党自身坚强有力，什么时候党和人民事业就能无往而不胜。党的十九大总结我们坚持党的领导、加强党的建设的新鲜经验，明确提出了新时代党的建设总要求。这个总要求不是空洞的、抽象的、说教的，而是来自加强党的建设、推进全面从严治党的现实需要，来自解决党内存在的突出矛盾和问题的现实需要，来自保持党的先进性和纯洁性、增强党的创造力凝聚力战斗力的现实需要，来自永葆党的性质和宗旨、保持党同人民群众的血肉联系的现实需要，来自坚持党的执政地位、提高党的执政能力、扩大党的执政基础的现实需要。逆水行舟用力撑，一篙松劲退千寻。我们一定要深刻认识新时代中国特色社会主义对我们党自身建设提出的新要求，着眼于我们党更好担当使命，总结运用成功经验，正视解决突出问题，一刻不停歇地推动全面从严治党向纵深发展。在新时代的征程上，全党同志一定要按照新时代党的建设总要求，坚持和加强党的全面领导，坚持党要管党、全面从严治党，拿出恒心和韧劲，继续在常和长、严和实、深和细上下功夫，管出习惯、抓出成效。只要始终做到自身硬，我们党就一定能够具有坚如磐石的意志和坚不可摧的力量，就一定能够始终保持同人民群众的血肉联系，就一定能够引领承载着中国人民伟大梦想的航船破浪前进、胜利驶向光辉的彼岸。

贯彻落实党的十九大精神，还有一个重要任务，就是认真学习贯彻党章。党的十九大通过的党章修正案，体现了党的十八大以来党的理论创新、实践创新、制度创新取得的成果，对毫不动摇坚持党的全面领导、坚定不移推进全面从严治党、坚持和完善党的建设、不断提高党的建设质量提出了许多新要求。全党同志要把学习贯彻党章作为学习贯彻党的十九大精神的重要内容，作为推进"两学一做"学习教育常态化制度化的重要举措，在全党形成自觉学习党章、模范贯彻党章、严格遵守党章、坚决维护党章的良好局面，切实把党章要求贯彻到党的工作和党的建设全过程、各方面。

同志们！团结带领全国各族人民在中国特色社会主义道路上全面建成小康社会，进而全面建成社会主义现代化强国、实现中华民族伟大复兴，是新时代中国共产党的历史使命。今天，历史的接力棒交到了我们手里。担当这份重任，我们既充满信心，又如履薄冰。充满信心，是因为我们有马克思主义的真理力量，是因为我们有党的坚强领导，是因为我们有中国特色社会主义的正确道路，是因为我们有全党全军全国各族人民的伟大团结。如履薄冰，是因为中国特色社会主义需要继续艰辛探索，是因为应对各种风险和挑战需要不断披荆斩棘，是因为抵御各种腐朽思想侵蚀需要勇于自我革命。

5年前，在党的十八届一中全会上，我曾说过，崇高信仰始终是我们党的强大精神支柱，人民群众始终是我们党的坚实执政基础；只要我们永不动摇信仰、永不脱离群众，我们就能无往而不胜。这个话，今天我再强调一遍。十九届中央委员会的全体同志，一定要忠于党、忠于祖国、忠于人民，一定要心怀忧患、勇于担当、甘于奉献，一定要谦虚谨慎、不骄不躁、艰苦奋斗，全身心投入党和人民事业。这里，我提几点希望，同大家共勉。

第一，坚定理想信念。理想信念是事业和人生的灯塔，决定我们的方向和立场，也决定我们的言论和行动。高级干部特别是中央委员会的同志们更要在时代洪流中成为坚守共产党人精神追求的中流砥柱。这些年，我们查处了那么多领导干部，他们违纪违法，最后堕入犯罪的深渊，从根本上来说是理想信念的防线崩溃了。领导干部一旦丧失了理想信念，就会把握不住自己，就会迷失方向，不仅会越过做党员的底线，而且会越过做人的底线。中央委员会的每一位同志都要把坚定理想信念作为人生的头等大事，自觉为全党作出示范和表率。要自觉学习马克思主义理论，深入观察世界发展大势，深刻体察中国特色社会主义伟大实践，不断增强中国特色社会主义道路自信、理论自信、制度自信、文化自信。要善于从外国和外国政党的兴衰成败中，从我们国家和我们党的历史中，从这些年党内正反两方面的典型中，汲取经验教训，自觉挺起共产党人的精神脊梁，用实际行动让人民群众感受到理想信念和高尚人格的强大力量。理想信念不是拿来说、拿来唱的，更不是用来装点门面的，只有见诸行动才有说服力。要知行合一、言行一致，保持对理想信念的激情和执着，牢固树立正确的世界观、权力观、事业观，用自己的实际行动为坚持和发展中国特色社会主义、为实现共产主义远大理想不懈奋斗。

第二，强化政治责任。党中央权威和集中统一领导，最关键的是政治领导。看一名党员干部特别是高级干部的素质和能力，首先看政治上是否站得稳、靠得住。站得稳、靠得住，最重要的就是要牢固树立"四个意识"，自觉在思想上政治上行动上同党中央保持高度一致，坚决维护党中央权威和集中统一领导，在各项工作中毫不动摇、百折不挠贯彻落实党中央决策部署，不打任何折扣，不要任何小聪明，不搞任何小动作。中央委员会的每一位同志都要旗帜鲜明讲政治，自觉以马克思主义政治家的标准严格要求自己，找准政治站位，增强政治意识，强化政治担当。要注重提高政治能力，特别是把握方向、把握大势、把握全局的能力和保持政治定力、驾驭政治局面、防范政治风险的能力。谋划事业发展，制定政策措施，培养干部人才，推动工作落实，都要着眼于我们党执政地位巩固和增强，着眼于党和人民事业发展。要严格遵守政治纪律和政治规矩，全面执行党内政治生活准则，确保党中央政令畅通，确保局部服从全局，确保各项工作坚持正确政治方向。

第三，全面增强本领。当今世界正面临着前所未有的大变局，中国特色社会主义进入了新时代。党内外、国内外环境的深刻变化，工作对象和工作条件的深刻变化，知识更新周期的大大缩短，对我们的本领提出了许多新要求。所以，党的十九大特别强调，我们党既要政治过硬，也要本领高强，并就全面增强执政本领提出了具体要求。这是有很强针对性的。中央委员会的每一位同志都要认识到，位高并不意味着能力就自然提高，权重并不意味着本领就自然增强。大家要有知识不足、本领不足、能力不足的紧迫感，自觉加强学习、加强实践，永不自满，永不懈怠。我们要适应党和国家工作的新进展，努力增强各方面本领，包括学习本领、政治领导本领、改革创新本领、科学发展本领、依法执政本领、群众工作本领、狠抓落实本领、驾驭风险本领，都必须着力强化。这些年来，我一直强调要加强干部队伍专业化建设，是因为随着改革开放和社会主义现代化建设不断向前推进，各项工作对专业化、专门化、精细化提出了越来越高的要求，采取一般化、大呼隆、粗放型的领导方式和领导方法是完全不能适应的。中央委员会的每一位同志都要勤于学习、善于学习，始终保持虚怀若谷、如饥似渴的学习状态，努力打造又博又专、推陈出新的素养结构。既要向书本学又要向实践学，既要向领导和同事学又要向专家、基层和群众学，既要向传统学又要向现代学，努力成为兼收并蓄、融会贯通的通达之才。

第四，扎实改进作风。干部作风是人民群众观察评价党风的晴雨表。党的十八大以来的实践证明，作风建设必须以上率下，用钉钉子精神抓落实。抓好全党作风建设，首先要抓好中央委员会作风建设。新一届中央委员会务必保持党的十八大以来业已形成的党风建设的良好势头，并争取做得更好。中央委员会的每一位同志都要勤勤恳恳为民，兢兢业业干事，清清白白做人。勤勤恳恳为民，就是要践行全心全意为人民服务的根本宗旨，做人民公仆，始终把人民群众安危冷暖放在心上，想问题、作决策、抓工作坚持从群众中来、到群众中去，时时做到与群众同甘苦、共忧乐、共奋进。兢兢业业干事，就是要确立献身党和人民事业的崇高情怀，聚精会神履行党和人民赋予的神圣职责，实干苦干，不务虚功，夙兴夜寐，勤奋工作，以一流业绩回报党和人民的信任和重托。清清白白做人，就是要一身正气、两袖清风，自觉遵守廉洁自律准则，自觉遵守中央八项规定精神，自觉接受监督，敬畏人民、敬畏组织、敬畏法纪，公正用权、依法用权、廉洁用权，拒腐蚀、永不沾，决不搞特权，决不以权谋私，做一个堂堂正正的共产党人。我们的领导干部不仅要自身过得硬，还要管好家属和身边工作人员，履行好自己负责领域的党风廉政建设责任，坚决同各种不正之风和腐败现象作斗争。

　　当前，国际形势继续发生深刻复杂变化，世界力量对比有利于保持国际局势总体稳定，同时世界和平与发展面临诸多严峻挑战。我国国内形势总的很好，同时我们在前进道路上也面临一些亟待解决的突出矛盾和问题。我们一定要增强忧患意识、做到居安思危，保持战略定力，坚定必胜信念，大胆开展工作，全面做好改革发展稳定各项工作，着力破解突出矛盾和问题，有效防范和化解各种风险，努力实现全年经济社会发展预期目标，为明年工作打下坚实基础。

　　这里，我还要强调一个问题，就是要在全党大兴调查研究之风。我说过，调查研究是谋事之基、成事之道，没有调查就没有发言权，没有调查就没有决策权。调查研究是我们做好工作的基本功。党的十九大明确了坚持和发展新时代中国特色社会主义的大政方针，作出了一系列重大工作部署，提出了一系列重大举措，关键是抓好贯彻落实。正确的决策离不开调查研究，正确的贯彻落实同样也离不开调查研究。中央委员会的每一位同志都要积极开展调查研究，要扑下身子、沉到一线，迈开步子、走出院子，到车间码头，到田间地头，到市场社区，亲自察看、亲身体验。调查研究要紧扣人民群众生产生活，紧扣经济社会发展实际，紧扣全面从严治党面临的现实问题，紧扣贯彻落实党的十九大精神需要解决的问题。既要到工作局面好和先进的地方去总结经验，又要到困难较多、情况复杂、矛盾尖锐的地方去研究问题，特别是要多到群众意见多的地方去，多到工作做得差的地方去，既要听群众的顺耳话，也要听群众的逆耳言，这样才能听到实话、察到实情、收到实效。各级干部特别是领导干部要结合贯彻落实党的十九大精神真正动起来、深下去，切实把存在的矛盾和问题搞清搞透，把各项工作做实做好。

同志们！让我们更加紧密地团结起来，高举中国特色社会主义伟大旗帜，奋发进取、埋头苦干，勇于开拓、勇于创新，为实现党的十九大确定的目标任务而奋斗！